돌에 새긴 희망

돌에 새긴 희망 – 미륵을 찾아서

초판 1쇄 인쇄 2005년 7월 20일
초판 1쇄 발행 2005년 7월 30일

지은이 이학종 이겸
펴낸이 김영곤

책임편집 임자영
기획 임병주 김성수 임자영 류혜정
영업마케팅 정성진 안경찬 이종률 김진갑 이희영 박진모 유정희 이연정 박창숙
관리 이인규 이도형 김용진 고선미
제작 강근원 이영민
북 디자인 디자인 밥

펴낸곳 (주)이끌리오
주소 경기도 파주시 교하읍 문발리 파주출판문화정보산업단지 500-11(413-756)
전화 031-955-2100(대표) / 031-955-2400(기획편집) 팩시밀리 031-955-2422
홈페이지 http://www.eclio.co.kr 이메일 eclio@book21.co.kr
출판등록 2000년 4월 10일 제16-1646호

값 18,000원
ISBN 89-5877-019-8 03800

Copyright © 2005 by 이학종·이겸

* 잘못 만들어진 책은 구입하신 서점에서 교환해 드립니다.
* 이 책 내용의 전부 또는 일부를 재사용하려면 반드시 저작권자와
  (주)이끌리오 양측의 동의를 받아야 합니다.

돌에 새긴 희망

글_이학종 사진_이겸

이끌리오

차 례
contents

008 　들어가는 글 – 미륵은 희망이다

1부　사찰미륵

017 　혁명을 잉태한 민초의 배꼽 – 고창 선운사
029 　모든 중생이 잘먹고 잘사는 세상으로 – 모악산과 진표율사
039 　함께 일하고 함께 먹자 – 속리산 법주사
051 　말법세상 가고 용화세상 오소서 – 해남 두륜산
063 　새로운 세상을 만드는 이들 – 관촉사 은진미륵
075 　애틋한 역사의 뒤안에서 – 부여 성흥산성과 대조사
084 　명산 미륵도량에 선 웅장한 미륵 – 사찰미륵에 대하여

2부　마을미륵

091 　20세기에 조성된 마지막 마을미륵 – 청양 미당리 미륵
099 　민초만을 위한 순박한 귀의처 – 당진 안국사 미륵
109 　바다 밑을 걸어서 온 미륵 – 제주 동자복·서자복 미륵
119 　궁예, 임꺽정, 장길산의 꿈이 어린 메카 – 안성의 미륵
133 　님은 언제 오시려나 – 삼척 바닷가의 미륵
143 　하늘 아래 가장 편안한 동네 – 천안의 미륵
152 　민초 찾아 마을로 내려온 미륵 – 마을미륵에 대하여

3부 절터미륵

159	폐허에서 던지는 희망의 메시지 – 전라남도 운주사
169	상생의 철학을 배태한 석축사원 – 월악산 미륵대원
181	부처님 얼굴은 민초의 얼굴 – 서산의 미륵
191	미륵의 고향, 민초의 희망 – 영암 월출산
199	용화세계를 향한 염원을 담아 – 익산의 미륵
209	꿈의 나라, 미륵의 나라 – 창녕 옥천사 터
220	황량함만큼 아린 역사 머금은 미륵 – 절터미륵에 대하여

4부 민중미륵

227	가진 자, 못 가진 자 하나 되는 세상 – 철원에서 바라본 궁예도성
235	궁예의 한과 넋이 잠긴 곳 – 포천의 궁예미륵
245	화랑의 뜨거운 기개를 품다 – 단석산 상인암 미륵
255	왼편엔 부처, 오른편엔 보살 – 파주 용미리 쌍미륵
262	새 세상 건설의 비원을 담은 미륵 – 민중미륵에 대하여
264	미륵신앙이란 무엇인가
267	나가는 글 – 성스러운 돌과의 만남

들어가는 글

미륵은
희망이다

　미륵은 불교에서 말하는 미래불을 말한다. 미래 어느때에 이 세상에 나타나 모든 것이 이상적인 나라, 즉 용화세계龍華世界를 건설할 부처님을 의미한다. 그런데, 미륵불교에는 좀 독특한 면이 있다. 인도에서 유입된 불교의 한 부분이긴 하되, 별개의 불교 성격을 갖고 있는 것이다. 미륵불교는 아마도 불교의 여러 종파 중 우리의 고유한 신앙과 가장 찰떡처럼 융합된 불교라고 할 수 있을 것이다. 또한 우리나라의 토속적·민중적 신앙들과 구분 짓기가 어려울 만큼 우리 것과 일체가 된 불교일 것이다. 그 때문에 보통의 사람들은 미륵상을 보면 여느 불상을 만났을 때와는 달리 경외심을 갖기보다 친근감을 갖는다. 여느 불상은 똑바로 쳐다보는 것이 왠지 불경한 것처럼 느껴지지만 미륵상은 껴안고 볼을 비벼대는 데 스스럼없이 느껴지는 것이다.
　이처럼 민초들과 하나가 된, 친구이자 부모이자 연인인 부처님이 미륵부처님이다. 즉 미륵불교는 서민의 불교인 것이다. 물론 미래불이라는 특성으로 인해 위정자들이 교묘히 정치적으로 이용한 면도 없지 않지만 그것조차도 어디까지나 민초들을 의식한 것이라고 볼 수 있다. 그래서 어떤 이는 미륵불교의 흐름을 또 하나의 불교사, 민중불교사로 보기도 한다.

미륵불상은 그래서 정형화된 틀이 없다. 우리가 흔히 생각할 수 있는 불상의 형태 외에도 거대한 바위나 남근석이 미륵이 되기도 한다. 심지어 관세음보살상이나 석가모니불상 등 다른 불보살의 양식을 한 불상이 미륵불로 둔갑하는 경우도 많다.

미륵불교는 이처럼 규격이나 틀을 거부한다. 그렇다면 아무것도 아닌 것이 아니냐는 지적이 있을지도 모르나 미륵불교에는 오랜 역사를 관통하는 일정한 흐름과 공통점이 있다. 이것을 읽어내는 것은 각자의 몫이다.

우리의 선조들은 좌절하거나 곤경에 처할 때마다 미륵을 찾아 의지하고, 그곳에서 희망을 지폈다. 미륵에서 새 삶의 의지를 다지고 새로운 세상의 건설을 꿈꾸었다. 비록 그런 것들이 숱하게 좌절되었더라도 미륵은 시공을 초월하여 여러 형태로, 마치 부도옹처럼 모습을 드러내 민초들을 보듬어 안고는 했다. 그래서 서민에게 미륵은 희망이다. 새로움이다. 새 세상에 대한 간절함이다. 또 기쁠 때나 힘겨울 때마다 함께했던 벗이다.

요즘 세상이 어렵다고 한다. 어느 시대, 어느 시기인들 어렵지 않은 때가 있겠냐마는 실제로 주위에 좌절과 회의, 절망에서 헤어나지 못하는 사람들이 많아졌다. 이런 이들에게 미륵은 가장 듬직한 벗이 될 것이다. 미륵을 찾으며 새로운 꿈과 용기를 가져보기를 바란다. 오늘날 우리가 다시 미륵을 찾아야 하는 이유가 여기에 있다.

여러 생의 인연 때문인지 필자에게는 오래 전부터 우리 미륵을 천착해 보겠다는 생각이 늘 뇌리에 박혀 있었다. 이런 생각은 내가 불교 전문기자로 일을 하면서 자연스럽게 전국의 미륵을 찾아다니는 것으로 구체화되었다.

몇 해 전 필자는 약 2년여에 걸쳐 우리나라 곳곳에 산재되어 있는 미륵과 그 주변을 답사했다. 미륵을 찾아 나설 때마다 늘 미륵을 제대로 볼 수 있는 눈을 가져야 한다는 부담을 안고 있었다. 일터인 《법보신문》에 미륵 이야기를 써나가는 동안에도, 미륵사상의 진수를 올곧게 전해야 한다는 의무감에 줄곧 긴장을 늦추지 못했다.

전국에 산재한 미륵불을 찾아다니며 가장 먼저 부딪친 어려움은 자료의 빈곤이었다. 민속학자 주강현 선생을 비롯하여 우리 문화를 샅샅이 답사했던 여러 선각자들의 업적이 없었다면 미륵기행은 아예 불가능했을 것이다. 그분들의 노고에 크게 의지했음에도 불구하고 미륵을 찾아내고, 관련된 기록과 전설을 이해하고, 해석하여 나름의 이야기로 풀어가는 데 어려움이 적지 않았기 때문이다.

각각의 미륵에 걸맞는 특정한 테마를 발견해내는 작업은 쉬운 일이 아니었다. '각각의 미륵마다 반드시 특정한 희망의 메시지를 읽어내야 한다.'는 나름의 원칙은 늘 마음속에 짐으로 남아 있곤 했다. 나의 직업은 기자, 그러니까 문자적 의미로만 본다면 '옮겨 기록하는 사람'인데, 이번 미륵기행의 경우에는 그러한 도식적 개념이 일절 통하지 않았다. 막상 미륵기행을 시작하고 난 다음에야, 이 작업은 불교미술 및 미술사에 대한 일정한 수준의 이해와, 불교학에 대한 상식 이상의 지식, 또 우리 역사를 읽는 눈과, 당시 활동했던 영웅들과 민초들의 생각을 유추하여 그려내는 소설가적 상상력이 있어야 가능한 것임을 뼈저리게 깨달았다.

한계에 봉착할 때마다 미륵기행을 포기할까 고민했던 것이 사실이다. 미흡한 글에 따뜻한 성원을 아끼지 않아준 독자와의 약속을 지켜야 한다는 부담과, 이 작업이야말로 불교 전문기자가 해야 할 일이라는 의무감으로 근근이 버텨낼 수 있었다.

이 책에 실린 각각의 미륵 이야기 속에는 이렇듯 필자의 이런저런 고민들이 함께 어우러져 있다. 시인 고은高銀선생이 선종禪宗의 대표경전인 《금강경金剛經》을 당신의 뜻대로 번역하고는 《내가 가는耕 금강경》이라는 이름의 저술을 낸 것에 견줄 바 아니겠으나, 이 책에 실린 내용들은 '불교 전문기자의 눈으로 읽은 우리 미륵'이라고 감히 말하고 싶다.

이 책에 실린 스물 두 편의 미륵기행문을 통해 독자들이 우리 미륵을 이해하고, 우리나라의 미륵사상이 민중들에게 던졌던, 아니 던지고 있는 메시지를 발견해내며, 또 거기에서 새로운 희망까지 발견할 수 있다면 더 바랄 것이 없겠다.

아마 이 글의 내용 중에 잘못된 해석이 있을 수도 있고, 이치에 맞지 않거나 견강부회한 점도 없지 않을 것으로 생각한다. 또 필자가 불교 전문기자인 관계로 글 전반에 불교적 색채가 배어 있는 점을 부담스럽게 여기는 독자 또한 계실지도 모르겠다. 사실 이런 부담들이, 미륵기행을 끝난 후 꽤 오랜 시간이 지나도록 원고를 컴퓨터 속에 묵혀 둔 이유이기도 하다. 아마도 북21의 각별한 관심과 독려가 아니었다면 이 글은 그대로 묻혀버렸을 것이다. 특히 이 지면을 빌려 미륵기행의 초고를 읽고 흔쾌히 마음을 내어 전국을 돌며 우리 미륵의 특성과 정수를 필름에 담아 책의 가치를 배가시킨 사진작가 이겸 님에게 고마움을 전한다.

부디 이 책을 통해 많은 독자들이 우리 역사에서 미륵이 어떻게 기능해왔는지를 읽어내는 안목을 키우고, 관련 인물들을 보다 정확하게 평가하는 시각을 가질 수 있기를 바란다.

졸고를 훌륭한 한 권의 책으로 엮어낸 북21 강근원 님을 비롯한 이끌리오 인문출판팀, 그리고 취재 기간 동안 주말을 함께하지 못했던 가족에게 고마움을 전한다. 특히 올해로 꼭 21년 동안 모든 것이 부족한 필자의 곁을 묵묵히 지켜준 사랑하는 아내 강 묘련심妙蓮心에게 이 책을 바친다.

2005년 7월 이학종

>>> 앞의 사진 | 도솔암 층암벽에 새겨진 미륵불은 3,000년 전에 살았던 검당 선사의 진상으로 전해진다. |

1
명산 미륵도량에 선 웅장한 미륵

사찰미륵 편

| 도솔암 층암벽에 새겨진 미륵불은 3,000년 전에 살았던 검당선사의 진상眞相으로 전해진다. 검당선사는 지극히 민중적인 삶을 살아갔던 스님으로 알려져 있다. 미륵을 새긴 암석의 거친 석질 또한 도솔암 미륵을 여느 미륵불에 비해 한결 서민적으로 보이게 한다. |

혁명을 잉태한
민초의 배꼽

고창 선운사

고창高敞**은 높고 넓다.** 고창은 노령산맥의 줄기가 휘돌며 감싸 안은 곳에 구릉처럼 펼쳐진 비옥한 땅이다. 이곳의 흙은 붉은 기운을 띤 황토 빛을 하고 있다. 흙빛이 해남이나 강진의 그것과 또 다른 느낌을 주는데, 질곡과 변혁으로 점철된 고을의 역사와 무관하지 않을 것이다. 그 지난한 세월이, 이른 아침마다 민초들이 갈아엎었을 전답의 흙 속에 켜켜이 퇴적되어 있기 때문이다.

역사적인 측면에 관한 한 고창은 눈물과 회한의 땅이다. 이는 우리가 흔히 알고 있는 선운사 동백의 서정적 이미지와는 애초부터 거리가 멀다. 그것은 수려한 경관에 대한 표피적 감상일 뿐, 차라리 이곳은 산곡의 구릉마다 개혁의 함성을 머금은 혁명의 성지라고 해야 옳을 것이다.

　　고창은 멀게는 청동기시대부터 민초들이 자리를 잡은 고을이다. 아산면 일대에 남아 있는 거대한 고인돌에서 보듯 일찍부터 생산력을 장악한 기득권 계층과 그렇지 못한 기층민 간의 갈등이 싹터 온 곳이기도 하다. 그러니까 웅장한 모습의 고인돌은 역사 이전 시대부터 이어져온 지배 세력과 피지배 세력의 갈등을 보여주는 일종의 상징물인 셈이다.

　　고창을 이야기하면서 녹두장군 전봉준을 빼놓을 수 없다. 그의 이름 석자에 지금으로부터 약 120여 년 전인 1894년, 이 고을을 핏빛으로 물들였던 동학혁명의 끓어오르는 함성이 온전히 배어 있기 때문이다.

　　물론 동학혁명은 고창만이 아니라 전국적으로 일어난 일대 사건이었다. 그러나 그 혁명을 이끈 우두머리들이 거사를 일으킨 곳이 이곳 고창임을 허투루 지나쳐서는 안 된다. 동학의 상징적 인물 전봉준의 출생지가 천안 전씨의 집성촌인 고창 당촌마

| 역사적인 측면에 관한 한 고창은 눈물과 회한의 땅이다. 흔히 알고 있는 선운사 동백의 서정적 이미지와는 애초부터 거리가 멀다. |

을이라는 학설이 힘을 얻고 있는 것을 감안한다면 이곳을 가히 동학혁명의 배태지 胚胎地라고 불러도 좋으리라.

새 세상을 건설하려는 민초들의 간절한, 끝내 이루지 못한 비원의 땅, 과감하게 새로운 세계에 도전했던 고창 선운사로 발걸음을 향했다. 지금 선운사를 찾는 목적은 듣기만 해도 서정적인 본능을 꿈틀거리게 하는 동백을 보기 위함이 아니라 구한말 민초들의 염원이 서린 도솔암 마애미륵을 만나기 위해서다. 한 발 한 발 미륵을 향해 내딛는 발걸음이 각별하게 느껴지는 것은 다 이런 이유 때문이다.

'시詩의 정부政府'라는 찬사를 받았던 미당未堂의 문학적 고향이기도 한 고창은 사실 우리에게, 동백의 아름다움과 절경의 선운사禪雲寺로 인해 흔히 서정적인 이미지로 다가오는 고을이다. 지그시 눈을 감고 통기타를 든 채 열창을 하는 가수 송창식의 '선운사에 가보셨느냐'는 낯익은 선율과 선운사의 이미지가 오버랩 되는 것은

우리시대를 사는 보통사람들에게는 지극히 자연스러운 현상이다. 즉 선운사는 누구에게나 서정적이고 고즈넉한 산사山寺의 모습으로 떠오르는 곳이다.

그렇더라도 이곳에 서린 역사는 시리도록 서러우면서도 역동적이기 짝이 없으니, 세월과 인심의 무상함이란 이 얼마나 얄궂은 것인가! 동백이 아니라 동학을 잉태했던 선운사의 미륵을 찾아가는 마음이 숙연해지는 것은 이런 연유에서이다.

120여 년 전의 함성과 절규를 송두리째 잊은 듯, 기찻길과 국도를 달려 도착한 선운사는 적막한 고요 속에 묻혀 있었다. 이따금씩 기도를 하러 온 잿빛 승복차림의 여인네들만 조용히 오갈 뿐 여느 관광 사찰과는 달리 북적거리지도 않았다.

경내를 돌아보기가 무섭게 미륵을 향해 발길을 재촉했다. 숨이 조금씩 가빠질 때쯤 고개를 드니, 저만치에 도솔암 미륵이 그 웅장한 자태를 드러냈다. 선운사 서남쪽 오 리쯤 되는 곳에 솟은 암벽에 새겨진 이 미륵불은, 40미터가 넘는 바위 절벽을 가득 채울 만큼 장대하다.

요즘엔 지장보살의 성지로 더 많이 알려지고 있지만 도솔이라는 산 이름山名과 도솔암이라는 인접 암자의 이름에서도 알 수 있듯이(도솔천은 미륵보살이 주재하고 있는 하늘 세계를 말함) 이곳은 원래 미륵의 성지이다.

그러나 이곳을 두고 미륵의 성지이니 지장의 성지이니 여부를 다투는 것은 별 의미가 없다. 우리나라 미륵신앙의 초조初祖라고 할 수 있는 진표眞表율사가 미륵보살과 지장보살로부터 동시에 계를 받은 것에서 알 수 있듯이, 미륵과 지장은 불가분의 관련을 가지고 있으니 말이다.

대개의 미륵도량이 그러하듯이 도솔암 미륵의 역사도 평화롭지만은 않다. 이 미륵의 배꼽에 숨겨 놓았던

고창은 미당 서정주의 고향이라는, 그리고 동백이 아름다운 곳이라는 이미지와는 달리 동학을 배태한 혁명의 성지이기도 하다.

| 도솔암을 놓고 미륵성지이니 지장성지이니를 따지는 것은 허망한 일이다. 불교적으로 미륵과 지장은 불가분의 관계에 있기 때문이다. |

　비결秘訣에 얽힌 설화, 그리고 이 비결과 관련해 실제 일어난 사건들은 민초들의 가슴에 아린 상처로 여태껏 남아 있다.

　도솔암 층암벽에 새겨진 미륵불은 3,000년 전에 살았던 검당黔堂선사의 진상眞相으로 전해진다. 검당선사는 지극히 민중적인 삶을 살아갔던 스님으로 알려져 있다. 미륵을 새긴 암석의 거친 석질 또한 도솔암 미륵을 여느 미륵불에 비해 한결 서민적으로 보이게 한다.

　전설에 따르면, 도솔암 미륵불의 배꼽 부위에는 신비스러운 비결秘訣이 하나 숨겨져 있었다. 사실 겉보기에 부처님의 가슴 부위에 새겨진 이른바 배꼽은, 그 위치도 그렇거니와 아무리 살펴보아도 무엇을 숨겨둘 만한 곳은 아닌 듯싶다. 그러나 그 구멍은 어느새 배꼽으로 둔갑하여 한국 근대사를 격동시킨 동학혁명을 잉태한 근거가 되었으니 민초들의 비원에 따라 그 역할이 달라지는 게 불보살들의 필연적 운명이라는 것을 여기에서도 확인할 수 있다.

당시 영광의 접주로서, 실제로 비결 탈취사건의 현장에 있었던 오지영吳知泳의 《동학사東學史》에는 그때의 정황이 비교적 소상히 담겨 있다.

임진년 8월의 일이다. 이해는 임진왜란이 일어난 지 꼭 300년 후인 1892년으로, 300년을 단위로 흉한 일이 발생한다는 속설과 함께 민심이 어수선했다. 당시 전북 일대에는 선운사 도솔암 석불의 배꼽에는 신기한 비결이 들어 있어 그 비결이 나오는 날 한양이 망한다는 소문이 자자했다. 그러나 비결과 함께 벼락 살을 동봉해 놓았기 때문에 비결을 꺼내려고 손을 대는 즉시 벼락을 맞아 죽는다는 전설이 있어 감히 누구도 꺼내 볼 수 없었다.

103년 전 전라감사로 내려온 이서구李書九가, 부임한 지 며칠 만에 인간사의 길흉을 점치고 남쪽으로 내려가 선운사에 이르러 도솔암에 있는 석불의 배꼽을 떼고 그 비결을 빼어보다가 그때 마침 뇌성벽력이 일어나 비결 책을 다 보지 못하고 도로 봉해두었다는 이야기가 전해지고 있어 그 후 아무도 배꼽을 열어보지 못했다.

그러던 어느날 손화중孫和中의 접중接中에서 다시 석불의 비결 이야기가 나왔다. 비결을 꺼내 보았으면 좋겠지만 벼락이 일어날까 걱정이 되어 속수무책이라는 이야기가 오갔다. 그때 좌중에 있던 오하영吳河泳이라는 도인이 한 번 벽력이 내렸으니 괜찮을 것이라는 견해를 내놓아 비결을 꺼내보기로 의견을 모았다. 그리하여 청죽青竹 수백 개와 새끼줄 수십 타래로 부계浮械를 만들어 석불의 전면에 안치하고 석불의 배꼽을 도끼로 부수어 비결을 꺼냈다.

이 일이 관아에 알려지자 곧 주모자들은 잡혀 하옥되었다. 그러나 손화중이 비결을 손에 넣었다는 소문이 퍼져나가면서 고창, 고부, 무장, 부안, 영광, 장성, 흥덕, 정읍 등 전라북도 일대에서 수만 명의 인파가 모여들기 시작했다. 선운사의 대중들은 물론이요, 무장 읍내의 관리들도 모두 도인, 즉 동학의 무리들과 한 편이 되었다.

선운사 미륵의 비결 이야기에 민중 사이에 오랜 세월 잠복해 있던 혁세사상革世思想, 즉 세상을 개벽시키는 혁명의 염원이 깃들어 있음은 두 말을 필요로 하지 않는다.

고창고을의 기구한 운명이라고 해야 하나, 외세의 침탈이 거세게 기승을 부리던 조선 말 혼란한 시기에 호남 일대에 살고 있던 민초들은 또다시 짚신을 단단히 매어 신지 않으면 안 되는 절박한 상황을 맞이했으니 말이다.

선운사 도솔암 미륵불의 배꼽에 숨겨져 있던 비결이 탈취된 후 민심은 더욱 흉흉해졌다. 미륵의 세상이 오면 억압받는 민중이 주체가 되어 쌀밥을 고봉으로 먹게 된다는 순박한 비원이, 그러니까 오랜 착취에 시달리던 농민들의 단순하고 끈질기며 절박하기까지 한 염원이 무섭게 폭발하기 시작한 것이다.

특히 선운사 미륵불의 진상이라는 검당선사는 하층민 출신으로, 도굴이 우글대던 선운사 골짜기에 들어와 그들에게 제염술(소금 만드는 기술)과 제지술(종이 만드는 기술)을 가르침으로써 양민으로 살아갈 수 있는 생업을 마련해 준 인물이다. 이 점이 당시 민초들의 마음을 크게 움직이게 한 것은 당연했다.

비결 사건의 발단, 즉 동학의 태동이 선운사 도솔암 미륵불에서 시작된 이유는 이렇듯 검당선사에 얽힌 전설과 깊은 연관을 맺고 있는 것으로 보인다. 당시의 민중들에게는 새 세상의 주재자 미륵불의 배꼽에서 비결을 꺼냈다는 사실 자체가 새로운 주인이 이끄는 세상이 열리는 조짐으로 받아들여졌기 때문이다. 아마도 당시 동학의 우두머리들은 민초들에게, 비결을 꺼내 보임으로써 무능하고 부패한 왕조가 굴복될 것이라는 확신을 주려 했을 것이리라.

현세에 용화세계를 세운다는 현실중심·인간중심의 개혁사상과, 기울어 가는 왕조와 외세의 침략으로 인해 민족정기가 소멸될지도 모른다는 위기의식에 비추어 볼 때 도솔암 미륵 비결 탈취 사건은 미륵사상과 민족주의가 절묘하게 맞아떨어진 결과라고 해도 틀리지 않다. 다시 말해 혁명의 발단이자 근거로 선운사 도솔암의

| 고창은 미당 서정주의 고향이라는, 그리고 동백이 아름다운 곳이라는 이미지와는 달리 동학을 배태한 혁명의 성지이기도 하다. |

미륵이 선택된 것은 당시 상황에서는 지극히 당연한 귀결이었다는 해석도 가능한 것이다.

도솔암 미륵의 양식이 통상적인 미륵의 모습과 다르다는 지적도 일부에서 나오고 있지만 미래의 부처 미륵불이란 아직 세상에 오지 않은 탓에 딱히 규격화된 것이 없으니 별 문제는 아니다.

도솔암 미륵불의 주위와 몸체 안에는 크고 작은 구멍이 여기저기 뚫려 있다. 이것은 비결을 꺼내기 위해 당시의 민초들이 부계를 설치했던 흔적일 수도 있고 전실前室을 설치했던 자국일 수도 있다. 문득 고개를 들어 남아 있는 흔적들을 한참 동안 바라보았다. 혹시 벼락이 떨어질지도 모른다는 두려움에 떨며 부계를 설치하고 배꼽을 열었을 당시 민초들의 간절한 마음이 여기저기 뚫린 구멍을 통해 전해오는 듯하다.

저 투박한 모습, 날카로운 눈매와 고집스럽게 보일 만큼 강하게 표현된 입가의 모습이라니! 이 얼마나 비장하고 기개 넘치는 표정인가. 그럼에도 전체적인 느낌은 푸근함으로 다가오고 있으니 자식들 앞에서 애써 근엄한 표정을 지은 아버지의 표정에서 한없는 사랑의 이미지가 배어나오는 것과 다를 바 없다. 완벽한 조형미를 한 불상에게서 느낄 수 없는 친화력을 자신들을 닮은 부처에게서 찾으려 했을 당시의 민

| 선운사 미륵은 오늘도 묵묵히 민초들을 맞이하고 있다. 그 모습이 점점 투박해지는 것은 오늘의 불교가 좀더 민중 속으로 들어가야 한다는 명령인지도 모른다. |

초들에게 도솔암 미륵은 적격이었던 것이다.

　기록에 따르면 당시 선운사 승려들은 동학에 환호했던 민초들이 부처님의 배꼽에 감춰진 비결을 탈취한 것을 관아에 고발했다. 이것은 당시의 불교가 민중들의 아픔을 제대로 감싸 안지 못하고 있었음을 상징적으로 보여준다. 다만 훗날 동학의 핵심에 승려들이 대거 동참해 큰 활약을 펼친 것은 불교가 민중들의 요구에 뒤늦게나마 부응했다는 점에서 다행한 일이지만 말이다.

　이런 사실을 아는지 모르는지 선운사의 미륵은 오늘도 민초들을 묵묵히 맞이하고 있다. 그 모습이 해가 갈수록 투박해지는 것은 아마도 오늘의 불교도들에게 더 민중 곁으로 다가갈 것을 요구하는 명령일지도 모른다.

　시나브로 날이 어둑해지고 나서야 도솔산을 내려왔다. 버스 터미널에서 펼쳐 든 일간신문에는 미군들의 사격 훈련장으로 사용돼 주민들에게 피해를 주고 있는 매향리의 문제로 인해 일단의 가톨릭 신부들이 반대 시위를 벌이다가 경찰에 연행됐다는 소식이 주요 뉴스로 실려 있었다. 매향리 주민들의 아픔에 헌신적으로 동참하는 성직자들의 의거, 바로 이런 것이 선운사 미륵이 오늘의 종교인들에게 촉구하는 메시지가 아닐까 하는 생각이 뇌리를 스쳤다.

　오늘날 미륵의 성지들이 동시대를 사는 이들에게 삶의 희망을 주고 있는가? 미륵의 역동적인 정신은 민초들의 가슴에 이어지고 있는가? 미륵의 성지가 지옥중생을 구제하는 지장도량으로 더욱 기능하고 있음은 미륵의 정신이 그만큼 쇠퇴한 것임을 반증하는 것은 아닌가? 고창 땅을 빠져나오는 발걸음이 점점 무거워지고 있다.

| 신라 중기에 활동했던 진표율사가 바다 용왕 무리의 도움으로 모악산 자락에 절을 세우면서 이곳은 본격적으로 미륵의 성지가 되었다. 그러나 진표 이전이라도 이곳은 민중들의 성지였을 것임이 분명하다. |

모든 중생이 잘먹고
잘사는 세상으로

모악산과 진표율사

       모악산과 금산사 金山寺를 빼놓고는 우리나라 미륵신앙에 대한 거론 자체가 불가능하다. 그만큼 모악산과 금산사가 우리 미륵신앙에 차지하는 비중은 절대적이다. 우리 미륵신앙의 모태라고 해도 좋을 모악산을 향해 떠나는 발길은 그런 이유로 더 조심스러웠다.

 호남고속도로 금산사 인터체인지를 빠져나와 국도로 접어들자 벌써부터 맑은 공기로 코끝이 새큰했다. 아스라이 펼쳐진 평야에 시야를 압도당하면서 나는 무의식적으로 옷매무새를 가다듬었다.

 예로부터 곡창지대로 이름났고, 우리나라에서 지평선을 볼 수 있는 몇 안 되는 고을 중의 하나가 김제이다. 무엇이든지 복잡하기만 한 도시에 사는 군상들에게는 수

장대한 인상을 주는 미륵장육존상. 위압감을 줄 만큼 거대하지만 잠시 머물다 보면 이내 편안함을 느낄 수 있다.

 평선보다 지평선이 더 신선하고 충격적인 법이다. 돋아 오른 것이라고는 그저 구릉 몇 개가 있을 정도인 이 평야에, 그 편편함이 역겨워 어느 순간 불끈 땅이 솟구쳐 올랐으니, 바로 모악이다. 농익을 대로 농익은 단풍을 곁들인 모악의 품은 푸근하다. 이 산이 예로부터 어미산 즉 엄뫼 母岳라고 불린 것은 아마 이 푸근함에서 비롯됐을 것이다.

 신라 중기에 활동했던 진표율사가 바다 용왕 무리의 도움으로 모악산 자락에 절을 세우면서 이곳은 본격적인 미륵의 성지가 되었다. 그러나 진표 이전이라도 이곳은 민중들의 성지였을 것임이 분명하다. 어머니 품처럼 폭 안기고 싶은, 넉넉하기만 한 산세와 지형. 이 산이 얼마나 많은 민초들의 애환과 고통과 번민을 감싸주었으면 이름까지 엄뫼라 했을까.

김제를 비롯하여 인근의 전주와 고창, 그리고 바다 바깥의 위도 등 모악을 중심으로 한 고을들은 늘 변혁과 역사적 소용돌이의 중심 무대였다. 멀게는 백제의 복원을 꿈꾸었던 후백제 견훤에서부터 조선말의 정여립, 홍길동의 활동 무대가 되었고, 가깝게는 동학 농민혁명과 빨치산 투쟁에 이르는 근세에까지 온갖 애환과 절규가 이곳에 서려 있다.

이곳이 이처럼 비원의 근원지로 이어져온 데는 여러 가지 원인이 있겠지만 아무래도 이곳에서 뿌리를 박고 살아온 민초들의 독특한 성정과 깊은 관계가 있을 것이다. 소문난 곡창지대이다 보니 옛날부터 지주와 소작 인간의 갈등, 가진 자와 덜 가진 자 사이의 마찰 등이 필연적으로 빈번했을 것이고, 이런 상황은 민초들로 하여금 새 세상, 즉 미륵이 주재하는 평등·용화세계를 그리게 하는 동인動因이 되었을 터이다.

그렇다면 우리나라 미륵불교의 초조初祖라고 할 진표율사가 굳이 이곳에서 미륵불교를 일으킨 연유는 무엇이었을까? 나그네가 펼치는 상상의 날개는 어느덧 신라 중기 경덕왕대까지 거슬러 올라가고 있다.

진표는 망신참亡身懺이라는 특이한 참회수행을 통해 미륵보살로부터 수계를 받고 점찰교법에 의해 많은 중생을 교화했던 당대의 고승이다. 《송고승전宋高僧傳》에 기록된 그의 출가 동기는 의미심장하다.

진표의 집안은 대대로 사냥을 하는 집안이었다. 그도 몸이 날래고 사냥에 재주가 많았다. 어느날 진표는 반찬을 만들 요량으로 버드나무 가지를 꺾어서 개구리 여러 마리를 잡아 꿰어서 물

진표율사는 변산 부사의 방에서 수기를 받을 목적으로 정진하다가 감응이 없자 절벽 아래로 몸을 던졌다. 그때 청의동자가 그를 받았다고 한다. 마치 이 장육존상이 보주를 보듬듯이.

| 모악산은 우리나라 미륵신앙의 모태라고 해도 과언이 아닐 만큼 중요한 성소이다. |

속에 두었다가 그만 이를 깜박 잊었다. 이듬해 봄이 되어서야 근처를 지나다가 개구리의 울음소리를 듣고 물 속을 보니 지난해에 꿰어 둔 개구리 30여 마리가 아직도 살아 있었다. '아, 이럴 수가! 마음이 몹시 괴롭구나. 입과 배가 꿰인 저들이 해를 지나면서 얼마나 고통을 받았을까!' 진표는 탄식과 자책을 하며 버드나무 가지를 잘라 개구리를 모두 놓아주었다. 그리고는 뜻한 바가 있어 출가를 결심했다.

그러나 《송고승전》의 기록대로 진표가 단지 개구리 30여 마리를 괴롭힌 데 대한 자책감으로 출가를 결심했다고 보는 것은 무리일 듯하다. 이와 관련 김상현 교수는 버드나무에 꿰인 개구리가 백제 유민을 상징하고 있을 것이라는 해석을 내놓고 있다. 그러나 김 교수는 당시 12세에 불과했던 진표가 백제 부활 따위의 거창한 이념을 가졌기보다는 꿰미에 입과 배가 꿰인 채 해를 넘겨 고통을 받은 개구리를 보며 사냥을 하며 저질렀던 살생에 대한 뉘우침, 즉 생명에 대한 경외 같은 것을 깨닫고 출가했을 가능성이 더 높다고 추정하고 있다.

그런데 왠지 김 교수와 같은 학자적 해석에서 벗어나고 싶은 것이 또한 사람의 마음인가 보다. 명문이나 문헌에 기초해 해석하는 것을 원칙으로 삼는 학자가 아니어서인지 나그네는 애써 '꼭 그렇게 보아야 하는 것일까?' 하며 상상의 날개를 펼쳐보았다.

'백제 지역 출신인 진표는 혹시 외세唐를 끌어들여 비자주적인 통일을 이뤄낸 신라에 대해 반감을 가졌던 것은 아닐까. 학계 일각에서도 미륵신앙을 중심으로 하는 진표의 반反신라적인 이상국가 건설운동이, 결국 견훤과 궁예弓裔와도 연결되는 것이고, 신라 말 하층농민에게도 큰 영향을 주었다는 주장을 내놓고 있지 않은가? 더구나 백제의 영화를 재현코자 했던 견훤과 모악산 금산사는 역사적으로도 불가분의 관계에 있다. 모르긴 몰라도 진표스님은 망국민의 한과 더불어 빈부격차, 신분차별 등에 대해 불만을 가지고 있었던 농민들을 끌어들일 목적으로 이곳을 중시했을 것이다. 그가 활동했던 영역과 견훤의 후백제가 세력을 뻗친 지역이 거의 동일하다는 점을 감안한다면 이러한 추정은 개연성이 높다고 할 수 있다.'

이런 관점에서 본다면 진표가 미륵보살의 수기를 받고자 서원을 세운 《송고승전》의 이야기에는 섬뜩할 정도의 비장함이 서려 있음을 읽어낼 수 있다.

배경과 경위가 어찌됐건 이른바 '개구리 사건'을 계기로 출가하게 된 진표는 전북 부안 변산의 까마득한 절벽의 부사의방不思議房이란 이름의 굴에서 미륵보살의 수기를 받을 목적으로 정진에 몰입했다. 부사의방은 그곳에 이르는 나무 사다리를 해룡이 만들었다는 전설이 전해 내려올 정도로 가파른 곳인데, 그는 이곳에서 미륵보살의 수기를 발원하며 3년 넘게 간절히 기도를 올렸다.

기록에 따르면 3년이 넘도록 아무런 감응이 없자, 진표는 낙심을 하고 벼랑 아래로 몸을 던졌다. 그때 청의靑衣동자가 그를 받아 다시 올려놓았다. 그는 이에 용기를 얻어 다시 3년 기도의 대원을 세우고 정진에 들었고, 정진 시작 3·7일 만에 미륵보살의 수기를 받았다. 《송고승전》에는 수기를 받던 때의 감동적인 순간이 다음과 같이 생생히 적혀 있다.

세 번째 7일의 여명黎明에 이르러 길상조吉祥鳥가 울면서 말하기를 "보살이 옵니다."라고 했다. 이에 바라보니 흰 구름이 마치 분을 바른 듯이 퍼졌는데, 산천의 높고 낮음이 없이 평평하게 가득 차서 은빛의 세계를 이루었다. 도솔천주가 구불구불 자유롭게 땅을 밟지 않고 석단石壇 주위를 도는데, 향기로운 바람과 꽃비 또한 범상한 세상의 것이 아니었다. 이때 자씨慈氏보살이 천천히 걸어서 석단이 있는 곳에 이르러 손을 내밀어 진표의 이마를 만지면서 "착하도다. 대장부여, 계를 구하기를 이와 같이 하다니."를 두세 번 거듭하더니 수미산 같은 손을 거두면서 "너의 마음은 끝내 물러나지 마라."라며 계법戒法을 주었다. 또 진표에게 수기受記하기를 "너는 이 몸을 버리고 대국왕大國王의 몸을 받아, 후에 도솔천에 태어나게 될 것이다."라고 했다.

미륵보살로부터 수기와 계법을 받은 진표가 마을로 내려오는 동안 모든 초목이 고개를 숙이고, 사나운 짐승이 순종했으며, "보살을 영접하라."라는 소리가 공중에서 울

| 3층 홍층양식의 미륵전 안에 들어서면 누구든 절로 오체투지를 하게 된다. 이곳 미륵불은 부지불식간 간절함을 불러일으키는 힘을 갖고 있는 듯하다. |

렸다고 한다. 특히 남녀의 무리가 지극한 정성으로 머리나 옷을 길에 펼쳤는데 그는 그것을 밟고 지나갔다는 것이다. 이런 표현을 두고 학계 일각에서는 신라의 통치 아래에 살던 백제 지역 농민이 중심이 되어 진표를 열렬히 환영했다는 것을 의미한다고 해석하고 있으며, 결국 그를 중심으로 백제 재건을 꿈꾸던 민중들의 염원을 나타낸 것이라는 해석을 내놓고 있다.

그런데 다른 관점에서 본다면, 미륵보살의 수기를 받아 이미 보살의 경지에 오른 진표가 신라와 백제라는 세속적인 구분에 집착했을 가능성은 높지 않아 보인다. 사소한 지역감정이 아니라 모든 중생들이 차별 없이 잘 살아가는 세상을 건설하는 원력을 펼쳤을 가능성이 더 컸다고 볼 수도 있을 것이다. 진표가 신라 경덕왕을 만나 보살계를 설하고, 그의 도움으로 미륵신앙을 확산시켜 나갔다는 사실은, 진표를 신라 백성이니 백제의 유민이니 따위로 평가하고 재단하는 것이 무리한 일임을 깨닫게 한다.

때마침 금산사에서는 개산 1,400주년을 기념하는 대재가 한창 열리고 있었다. 절 입구 동리에도 수천의 인파가 금산사를 향하고 있다. 금산사 아래 주차장에 내려 걷다가 절 초입 왼편 산자락에 있는 미륵당으로 올랐다. 마치 로봇의 얼굴을 연상시키는 미륵이 미소 지으며 서 있는데, 그 눈매가 정겹고 편안하기 그지없다. 모악의 수문장 격인 이 미륵은 이곳이 왜 미륵성지인지를 알게 하는 상징물이라고 해도 좋겠다.

금산사 마당에는 개산대재에 동참한, 5천여 명은 족히 넘을 불자들이 운집해 있었다. 그들이 금산사 개창의 진정한 의미를 되새기며 〈미륵십선계彌勒十善戒〉 서원을 다지는 동안 나그네는 미끄러지듯 그 무리에서 빠져나와 3층 통층양식의 저 유명한 미륵전 안으로 들어갔다.

　대낮인데도 미륵전 안에는 어두운 기운이 드리워져 있었다. 거대한 미륵이 햇빛을 가로막고 있기 때문이다. 그러나 어두운 기운은 오히려 미륵전 안을 더 성스럽고 장엄하게 만드는 효과를 자아내고 있었다. 장대한 장륙 미륵존상은 과연 중생들이 의지할 만한 위엄을 충분히 갖추고 있었다. 이미 여러 차례 친견을 했지만 무려 11.82미터에 이르는 거대한 미륵이 주는 느낌은 언제나 경외 그 자체였다.

　부지불식간 간절한 마음이 되어 오체투지五體投地를 올렸다. 뒤쪽에서는 미륵신앙으로 불국토를 건설하자는 불자들의 서원의 열기가 후끈했다. 문득 〈십선계〉를 실천했을 때의 공덕이 떠올랐다.

　모든 불보살과 하늘 선신天神이 보호하고, 악업 죄보는 소멸되고 선근공덕이 늘어나 수명장수와 부유를 얻게 되며, 국민도의가 재건되고 사회가 정화되어 밝은 사회가 이루어지고, 목숨이 다할 때 안락하고 사후 천상락天上樂을 얻게 되며, 정혜를 성

하늘 아래 까마득히 펼쳐진 모악의 능선과 미륵전 용마루의 선이 이루는 조화는 인공의 경계를 넘어서 아름다움 그 자체이다.

취하여 마침내 최상의 불도佛道를 이루고……'.

  미륵전을 빠져나와 종각 계단으로 올라섰다. 좀더 높은 곳에서 모악의 모습을 살펴보기 위해서였다. 미륵전 뒤쪽으로 병풍처럼 펼쳐진 모악의 정경이 안계眼界에 펼쳐졌다. 날아갈 듯 날렵하게 치켜 올라간 미륵전 용마루 선과 모악의 능선이 연출하는 기묘한 앙상블이라니! 인공과 자연이 이루는 아름다움이란 이 경우를 두고 하는 말이리라.

  가을 하늘 아래 까마득히 펼쳐진 모악의 능선과 골짜기에는 마침 안개구름 몇 점이 가로 걸쳐진 채 오락가락했다. 구름조각들은 바람결을 따라 모악의 품으로 밀려들어와서는 기기묘묘한 자태를 보이다가 흩어졌다. 그 모습은 세월의 무상함을 일러주는 한 편의 무언법문無言法門이었다. 어쩌면, 모악을 향해 모여드는 구름들은 용화세계에 살고 싶은 민초의 염원을 상징하는 것이라 해도 좋으리라.

| 익히 알려진 것처럼 법주사는 금산사와 더불어 우리나라 미륵신앙을 대표하는 으뜸성지이다. 흔적만 남은 성소가 아니라 오늘날까지도 미륵신앙의 중심지로서 당당히 그 위상을 과시하고 있는 곳이니, 법주사를 빼놓고 우리나라 미륵신앙을 논하는 것은 사실상 불가능하다. |

함께 일하고
함께 먹자

속리산 법주사

통일신라 말기, 스스로 미륵이라 칭하며 새로운 세상의 건설에 나섰던 궁예왕의 사상적 기초는 《미륵하생경彌勒下生經》이었다. 궁예만이 아니라 미륵의 나라를 꿈꾸었던 대다수 혁명가들의 사상적 배경은 거의 미륵하생의 신앙이었다고 해도 틀리지 않다. 그만큼 미륵하생신앙은 우리 민족이 질곡에 빠져 있을 때 새로운 희망을 제공하는 역할을 해왔다.

미륵의 나라를 용화세계라고 하는데, 그 의미는 모든 것이 남김없이 이루어진 세계 즉 훌륭한 세상, 아름다운 완전한 세상을 말한다. 소설가 김성동은 그의 책 《미륵의 세상 꿈의 나라》에서 미륵하생신앙의 궁극적 목표인 용화세계를 '궁예의 부르짖음'이라는 명목하에 이렇게 표현하고 있다.

| 법주사는 금산사와 함께 우리나라 미륵신앙을 대표하는 미륵성지로 손꼽힌다. |

함께 일해서 함께 먹자. 웃으면서 일하고 웃으면서 밥을 먹고 노래하고 또 춤추면서 이 세상에 살고 있는 모든 꽃이며 나무며 새며 짐승이며 물고기며 그리고 또 하다못해 여름밤 풀 섶에서 가냘프게 울고 있는 벌레들까지 더불어 함께 사는 세상을 만들자. 인민의 세상을 만들자. 자유의 나라를 만들자.

원래는 사람의 세상이었고 해방의 세상이었고 평등의 세상이었고 자유의 나라였는데, 자기들 특권 귀족계급들만이 잘먹고 잘입고 잘자서 대를 물려가며 세세생생을 두고두고 잘살고자 대다수 인민대중들의 자유를 억압하고 생산수단을 독점하고 노동력을 착취해서 생산물을 수탈하는, 한 줌도 못 되는 억압자의 무리들 때문에 살 수 없는 세상이 되었을 뿐이다. 지옥이 되었을 뿐이다.

억압자들을 물리쳐서 사람의 세상을 만들어야 한다. 해방의 세상을 만들어야 한다. 자유의 나라를 만들어야 한다. 극락세계를 만들어야 한다. 마침내 그리하여 스스로 말미암아 그곳에 있는 자연 그대로 보고 듣고 냄새 맡고 맛보고 생각하고 말하고 쓰고 그리고 움직여서 사람사람이 모두 자기 운명의 주인이 되고 나라의 주인이 되고 세계의 주인이 되고 우주의 주인이 될 수 있는 세상을 만들어야 한다. 만들 수 있다. 이 세상!

길을 나선 때가 이른 봄인지라, 법주사法住寺로 가는 국도 변에는 벚꽃과 개나리가 무리 지어 화사하게 꽃망울을 터뜨리고, 그 틈틈이 진달래가 피어 아름다운 색상의 조화를 이루고 있다. 저들이 비록 움직일 수 없는 무정물無情物이라고는 하나 성스러운 미륵도량으로 가는 길을 위해 일주문 수십 리 밖까지 다투어 달려 나와 한껏 멋을 내고 있으니, 어찌 그 정성이 가상타 하지 않을 수 있겠는가. 멋대로 핀 봄꽃의 서정이 도시생활에 지친 중년에게조차 춘정을 불러일으키고 있었다.

법주사로 들어가기 위해서는 관문처럼 반드시 통과해야 하는 험준한 고개가 있다. '말티'라는 이름을 가진 이 고갯길은 구비구비 휘어진 꼬부랑길인데, 경사가 급하고 험하기로 유명하다. 이 고개는 아마도 세속의 먼지俗塵를 다 여읜俗離 세상이란 그만큼 현실로 이뤄내기가 어려운 것임을 상징하는 것일지도 모른다. 아무튼 법주사로 가는 길목은 이렇듯 초입부터 사람들을 경건하게 만드는 위엄을 갖추고 있다.

"너희는 속리산으로 가서 길상초吉祥草가 많이 나 있는 곳을 찾아 그곳에 절을 세우라."라는 진표의 당부를 그의 제자 영심 등이 그대로 따라, 절의 옛 이름도 길상사로 정했다는 기록은 이곳 법주사가 풍수적으로도 매우 길한 곳임을 알게 한다.

익히 알려진 것처럼 법주사는 금산사와 더불어 우리나라 미륵신앙을 대표하는 으뜸성지이다. 흔적만 남은 성소가 아니라 오늘날까지도 미륵신앙의 중심지로서 당당히 그 위상을 과시하고 있는 곳이니, 법주사를 빼놓고 우리나라 미륵신앙을 논하는 것은 사실상 불가능하다.

진표가 김제 모악산과 보은 속리산 등 옛 백제의 영토에 미륵도량을 창건한 때는 백제 멸망 후 100년이 조금 지나서였다. 시기적으로 볼 때 필시 망국으로 인하여 삶의 희망을 잃어버린 백제 백성을 미륵신앙으로 보듬고 마침내 제도하기 위한 시도로 보인다. 진표가 어떤 형태로든 백제의 회복을 꿈꾸었을 것이라는 것은 부인할 수 없지만, 그의 서원은 단순히 백제라는 한 나라의 복원에 머물지 않았을 것이 분명하

| 법주사 경내로 들어서 왼편에 있는 '마애여래의상'은 보물 제216호이다. 설법인을 하고 있는 손과 앉아 있는 발의 모양은 우리나라에서 드물게 나타나는 양식이다. |

다. 어느 나라의 백성이라는 차원을 넘어, 절망의 나락으로 밀려난 민초들을 달래고 다시금 삶의 희망과 꿈을 갖도록 하려는 것이었다.

　이와 관련해서 학계 일각에서는 진표의 미륵운동이, 백제 유민들의 저항의식이 미륵하생신앙을 통하여 민중의식으로 나타나면서 점차 세력을 얻어가자 그들의 불만을 무마하고, 한편으로는 숨구멍을 터줌으로써 통일신라라는 새로운 체제 안으로 자연스럽게 끌어들이려는 고도의 통치술이라고 해석하고 있기도 하다. 그러나 진표가 당시 지배 세력의 책략에 호락호락 넘어갈 인물이 아니기에 그 같은 분석에 큰 무게를 둘 필요는 없을 듯싶다. 시인 고은이 〈미륵과 민중〉이라는 논문에서 진표의 미륵사상을 "고대사회를 철폐하는 종교개혁운동이며 새로운 시대를 여는 민중적 역사의 지의 발로"라고 평가한 것을 굳이 거론하지 않더라도 그의 원력은 나라의 재건이나 단순히 민초들의 한을 푸는 데 머무르지 않았기 때문이다.

　진표는 미륵보살과 지장보살의 화신에게서 직접 수계를 받고 모악산 금산사와 속리산 법주사, 금강산 발연사 등 세 곳에 미륵하생 3회 설법의 도량을 건설함으로써 곧 다가올 용화세계에 대비하는 치밀함을 보였다. '용화 3법회'란 미륵보살이 도솔천에서 하생하여 제일 먼저 하는 일인데, 보살 지위의 미륵은 이 3법회를 주관하며 성불하여 미륵부처가 되고, 이 법회에 참예하는 중생들도 모두 용화세계의 백성이 된다는 것이다.

진표는 용화 3법회의 제1도량을 모악산 금산사로, 제2도량을 금강산 발연사로, 제3도량을 속리산 법주사로 하여 도량을 건설했다. 백제 무왕이 익산 용화산 미륵사에서 이루려고 했던 미륵국토의 기반이 백제 멸망으로 해체되자, 진표가 그 해체된 기반을 딛고 다시 일어서 금산사를 시작으로 법주사와 발연사에 이르는 광대한 공간으로 확대된 하생미륵 설법 성지를 일군 것이니, 범인의 상상을 훌쩍 뛰어넘는 그의 원대한 스케일에 새삼 감탄을 금할 수 없다.

법주사 도량 안으로 들어서 제일 먼저 위압감을 느낄 만큼 위풍당당하게 서 있는 거대한 미륵대불(본래 청동불이었으나 2002년 6월 개금불사를 해서 지금은 금동불이 되었음) 전에 올라 참배했다. 대불 조성 후 회향 법회를 할 당시 하늘에서 한 줄기 오색광명이 미륵불상을 향해 내려와 화제가 되기도 했던 이 대불은 현존하는 최고의 미륵도량 법주사의 대표 상징물로 남아 있다.

진표의 흔적을 찾아 경내를 찬찬히 돌아보았다. 어딘가에 남아 있을 진표의 흔적, 그러니까 그의 사상이 깃든 유물이라던가 아니면 뜨거운 숨결 한 조각이라도 남아 있으리라는 확신으로 나는 구석구석을 살피고 또 살폈다.

이윽고 나는 '마애여래의상'이라는 현판이 세워진 거대한 마애불 앞에서 발걸음 멈췄다. "고려시대 마애불, 부조浮彫로 높이가 5미터에 이르며 보물 제216호로 지정돼 있다."는 안내판의 설명을 꼼꼼히 읽은 후 곧바로 그 조각 솜씨와 양식 등을 자세히 살펴보았다. 두 다리를 한껏 벌리고 앉아 있는 모습이며, 도식적인 삼도, 수평의 어깨, 삼각형 모양의 상체, 규칙적인 옷 주름, 날카로운 연꽃 모양, 두 손을 가슴에 모아 설법인을 짓고 있는 수인手印 등 그 조각 솜씨가 보통 장인의 것이 아니다.

문명대 교수가 그의 논문 〈법주사 마애미륵-지장보살부조상의 연구-법상종미술연구3〉에서 "고려 말인 1350년대에 제작된 〈미륵하생경변상도彌勒下生經變相圖〉의 불상 표현과 친연성이 강해 주목된다."고 밝힌 것처럼 이 마애불상은 미륵도량 법주사의 정체성을 대표하는 소중한 유물이다.

다시 그 옆에 희미하게 새겨진 지장보살도에 눈길이 이르니, 이곳이야말로 영락없이 미륵보살과 지장보살로부터 계를 받은 진표의 상징임을 나는 깨닫게 되었다. 그뿐인가. 법주사 창건을 상징하는 설화도와, 그의 유골이 모셔졌다는 이야기가 전해오는 봉우리 위에 세워진 작은 탑 등은 법주사와 진표, 그리고 그의 제자 영심 사이에 맺어진 불가분의 인연을 입증해보이는 귀한 흔적들이 아닐 수 없다.

미륵대불 옆에 서 있는 희견보살상은 또 어떤가. 뜨거운 향로를 머리에 이고 부처님께 공양하는 모습으로, 진표나 그의 제자 영심이 대성大聖의 수기를 얻기 위해서 일신을 아끼지 않았던 위법망구爲法忘軀, 진리를 얻기 위해 몸을 사리지 않음를 현실감 있게 표현한, 법상종 특유의 신앙형태를 조형적으로 나타낸 의미심장한 걸작이 아닌가. 부처님을 향한 믿음이 굳건하므로 머리의 뜨거움, 손의 뜨거움을 잊고 일심으로 향로를 받드는 모습에서, 미륵보살의 수기를 받기 위해 몸을 내던졌던 당시 진표와 민초들의 간절한 비원을 나는 희견보살상을 통해 엿볼 수 있었다.

법주사 경내에는 미륵도량이었음을 알려주는 용화보전龍華寶殿 터가 남아 있는

| 고려시대 양식으로 미륵하생변상도와의 관계성이 높은 곳으로 평가되고 있다. 흔히 거대한 미륵대불에만 시선이 몰리지만, 기실 법주사 미륵불상의 진수는 예서 찾아볼 수 있다. |

| 미륵의 나라에 태어나리라. 미륵세상을 건설하기 위해서는 마땅히 십선법을 지켜야 한다고 한다. |

데, 바로 지금의 금동미륵대불이 서 있는 곳이다. 법주사의 정신을 상징했던 이 보전은 전각 후면의 암벽인 산호대珊瑚臺를 본떠 산호전이라고도 불렸으며, 이 보전은 2층, 35칸의 크기로 대웅전보다 그 규모가 웅장했다. 전각 안에는 금색의 장육상丈六像이 안치되어 있었으나 1872년 경복궁 복원을 주도한 대원군의 지시로 불상이 압수되고 보전은 헐렸다고 《동국여지승람東國輿地勝覽》은 전한다.

법주사를 찾은 날에는 마침 법주사 제28세 주지의 진산식이 진행되고 있었다. 주지스님은 중앙일간지에 칼럼 기고를 하는 등 일반인들에게도 널리 알려진, 미국에서 철학박사 학위를 취득한 이른바 인텔리 스님이다. 이날 새롭게 취임하는 주지스님은 도량에 운집한 2천여 사부대중을 향해 다음과 같은 취임의 변을 토했다.

미륵도량인 이 법주사의 창건정신을 널리 선양하는 차원에서, 법주사가 중심이 돼 전 국민이 십악十惡을 지우고 십선十善을 행하도록 앞장서 교화함으로써 마침내 미륵부처님의 용화세계를 구현하도록 최선을 다하겠습니다.

새 주지스님의 다짐을 듣는 사부대중들의 입가에는 환한 미소가 피어올랐고, 이 장엄한 법석을 증명이나 하듯 대중을 내려다보던 미륵대불의 미소는 자비광명이 되어 도량을 비추고 있었다. 미륵신앙이 굳건히 살아 계승되는 희유한 광경이 아닐 수 없었다.

| 두륜산에서 미륵을 발견하는 것은 그리 쉬운 일이 아니다. 북미륵암의 미륵은 그렇다 하더라도 남미륵암의 미륵을 만나보기란 여간 어렵지 않다. 수풀 속에 감춰진 거대한 바위 그 표면에 투박하게 새겨진 마애미륵을 발견했을때의 환희는 그래서 더욱 큰 것인지도 모른다. |

말법세상 가고
용화세상 오소서

해남 두륜산

미륵신앙의 여러 특징 중 하나는 민족신앙과 폭넓게 섞여 있다는 점이다. 문자가 없던 시절부터 우리 민족이 지녀왔던 천도天道 사상을 바탕에 두고 불교의 교의를 접합시켜 토착화를 시도한 흔적을 우리는 미륵 성지를 통해 어렵지 않게 찾아볼 수 있다.

단군신화에서 보듯 하늘신앙은 우리나라 고유의 신앙이고, 따라서 하늘과 연관된 설화는 늘 친숙한 얘깃거리였다. 이런 경향은 미륵신앙에서도 마찬가지로 적용되는데, 그 단적인 예가 미륵상생신앙이다.

미륵신앙에서는 정토를 크게 지상정토와 천상정토로 나눈다. 지상정토는 미륵보살이 도솔천에서 사바세계로 내려와 이루어내는 용화세계를 가리키는 것이고, 천상

| 남미륵암이라고 불리는 이곳은 깊은 동백나무 숲속에 꼭꼭 숨어 있다. 이곳에서 반짝이는 수행자의 눈과 마주쳤다. |

정토는 십선도十善道, 열 가지의 바른 행위를 행하고 계를 지키며 염불을 외우면 미륵보살이 주재하고 있는 하늘세계인 도솔천에 태어날 수 있다는 신앙을 일컫는다.

따라서 주체적이고 자력적인 성격을 갖는 불교의 신앙적 특성을 고려한다면, 상생신앙보다는 하생신앙이 더 불교적이라고 할 수 있다. 특히 역사의 격동기마다 주변이 아닌 그 중심에서 사건들과 직접 부대끼며 살아온 이들에게는 미륵하생신앙이 더욱 실감나게 다가올 수밖에 없다. 미륵보살이 하생하여 세 차례 연설을 하고 나면 미륵이 주재하는 새로운 세상이 열린다는 믿음과, 그런 세상은 어떤 절대자에 의지해서가 아니라 중생 스스로의 힘과 원력으로 이루어내는 것이라는 가르침은 변화를 염원하는 민중들에게 더 현실감 있게 받아들여졌을 것이기 때문이다.

문제는 미륵정토가 이뤄지는 시점이 언젠가 하는 점인데, 불전佛典에서는 그 시기를 말법末法시대를 거친 이후라고 밝히고 있다. 말법시대는 흔히 사회에 악이 만연하고, 인간의 오만함이 극에 달하게 되어 세상은 지옥으로 변하고, 심지어 불법佛法을 수호할 승려들조차 서로 잡아먹을 듯이 싸우는 시대로 묘사된다.

그리고 보면 우리네가 살고 있는 지금 이 시대가 그대로 말법세상으로 여겨지는데, 아마 옛날 우리네 선조들도 지금처럼 똑같이 말법세상을 이야기하며 꿈에 그리는 이상향을 염원했을 것이다. 새로운 세상을 그리워하는 마음에 말법 아닌 때가 어디 있을 것인가. 말법세상은 본디 고래古來가 따로 있을 수 없음이다.

남도 땅 끝에 불쑥 솟아오른 두륜산 자락에 서서 천년 동안 중생들의 아린 가슴을 보듬어온 두 미륵불 역시 정토의 염원을 간직한 남도지역의 대표적인 미륵이다.

남도의 미륵을 찾아 나선 때는 봄이 한창 무르익어가는 계절이었다. 눈앞에 펼쳐지는 풍광은 파스텔 톤의 연두색을 지나 제법 짙푸른 녹음綠陰을 한껏 머금고 있었다.

해남고을의 주산主山이라면 아무래도 두륜산을 꼽을 수밖에 없다. 이 두륜산에는 미륵 두 기가 당당한 자태를 하고 오랜 세월 동안 숨 가쁜 삶에 지친 중생들을 따뜻하게 감싸 안고 있다.

사람마다 다르긴 하겠지만, 땅 끝 해남은 이방인에게도 편안함을 느끼게 해주는 묘한 기운을 갖고 있었다. 그 기운이 단순히 붉은 빛을 한 황토나, 언덕배기마다 막 꽃망울을 터트린 매화의 물결 때문만은 아니겠지만, 남도의 봄꽃과 붉게 타오르는 황토가 만들어내는 아름다움은 보는 이의 탄성을 자아내기에 모자람이 없었다. 특히 매화나무 숲에서 한껏 들이키는 상큼한 향내의 오묘함이란!

초목산천이 주는 감동이 이러하거늘 어찌 이 고을이 예향이 아닐 수 있으며, 풍류의 고장이자 미륵의 고을이 아닐 수 있겠는가.

두륜산은 백두대간이 서남 끝으로 달려오면서 점차 잦아들었다가 바다로 흘러내리기 직전 마지막 안간힘으로 불쑥

| 법당과 요사채를 겸한 소박한 전각 뒤로는 조용한 마음으로 흐르는 옹달샘이 있다. |

| 해남의 주산 두륜산에도 어김없이 미륵이 있다. 남미륵암, 북미륵암에 있는 2기의 미륵에 얽힌 설화는 우리네 민초들의 살아가는 이야기와 다르지 않다. |

솟구쳐 오른 산이다. 청허당(서산대사)은 두륜을 일러 "신기한 꽃과 특이한 풀奇花異草이 항상 아름답게 피어 있고 옷감과 먹을 것이 끊이지 않아 모든 것이 다 잘될 만한 곳"이라며 "나의 의발衣鉢을 이곳에 두라."라고 유언한 바 있다. 또 그는 이 산을 "북으로 월출산이 이어졌고, 동에는 천관산이, 서로는 선은산이 마주 솟아 있으며 바다와 산으로 둘러싸여 있으면서도 골짜기가 깊고 그윽해 만세가 지나도록 훼손되지 않을 명당"이라고 칭송한 바 있다. 서산의 말대로라면 이곳은 그대로가 극락정토요, 용화세계인 셈이다.

그러나 그대로가 지상정토인 두륜과 함께 살아가면서도 민초들은 여전히 미륵을 그리워했으니, 불완전한 중생의 욕구란 본시 끝이 없는 법이다. 이 고을 민초들은 두륜산의 상서로운 위치에 솟아오른 신령스런 바위를 골라 미륵을 조성하며 미륵부처님의 하생을 기원했고, 미륵의 나라에서 살아갈 수 있기를 간절히 염원했다. 바로 그 흔적이 두륜산 두륜봉 아래 북미륵암과 남미륵암, 그리고 해를 밧줄로 끌어당겨 지지 못하게 했다는 전설이 있는 만일암 터에 생생하게 남아 있다.

두륜산 미륵에 깃들여 있는, 애틋하다 못해 처연하기까지 한 이 전설은 이곳이 남도 제일의 미륵성지임을 잘 보여주고 있는 증거이기도 하다.

아주 오랜 옛날 옥황상제가 사는 천상에 천동과 천녀가 살고 있었다. 둘은 서로 사랑하는 사이였는데, 사랑에 열중한 나머지 천상의 계율을

| 사람의 발길이 드문 곳이라 남미륵암 주변에는 산대와 잡목들이 무성하다. |

어기게 되어 천상에서 쫓겨났다. 이들이 다시 천상으로 돌아갈 수 있는 유일한 방법은 하루 안에 바위에 미륵을 조각하는 것이었다.

그러나 하루 동안에 거대한 바위에 미륵을 조각하는 일은 불가능했다. 할 수 없이 두 사람은 꾀를 내어 해가 지지 않도록 밧줄로 해를 묶어 만일암 옆 거목千年樹에 묶어두고는 각각 불상을 새기기 시작했다. 북쪽 바위는 천녀가, 남쪽 바위는 천동이 맡아 각각 미륵을 새겼다.

천녀는 앉은 모습의 미륵불상(좌불상)을 조각했기 때문에, 서 있는 모습의 불상(입불상)을 조각하는 천동보다 훨씬 먼저 일을 마칠 수 있었다.

천동의 일이 끝나기를 기다리던 천녀는 일각이라도 빨리 천상세계로 돌아가고 싶은 욕심에 기다림을 포기하고 천년수에 묶어두었던 밧줄을 끊어버리고 말았다. 그러자 해가 서산에 지기 시작했고 천동은 미처 미륵을 완성하지 못해 끝내 천상으로 돌아가지 못했다.

| 눈 내린 날의 북미륵암. 그러나 눈발조차도 이곳을 찾는 불심들의 걸림돌이 될 수 없다. |

이 전설은 고통도 없고 가난도 없으며, 누구나 평등하게 살아가는 미륵세상에 대한 소박한 바람을 나타내주고 있다. 또한 새 세상 건설의 염원을 담아 불상을 조각하면서 下生, 정작 한편으론 도솔천 왕생을 발원하는 上生 민초들의 일관되지 못한 신앙관을 보여주고 있기도 하다. 그러나 그것이 흠집이기보다는 그만큼 민초들이 순박하다는 것을 말해주는 것이니 나무랄 일은 아니다.

이 전설은 얼핏 미륵이 오시려면 하룻밤 안에 천불천탑을 세워야 한다는 운주사의 전설을 연상시킨다. 비록 운주사의 설화에서처럼 집단성과 혁명성이 보이지는 않지만 민중적인 소박함이 물씬 풍겨 되레 정겹다.

대둔사 한 스님의 안내를 받아 남미륵암으로 올랐다. 등산로를 오르다가 왼쪽의 길 같지 않은 곳으로 빠져 무성하게 자란 대숲을 헤치고 나오니, 문득 앞면이 편편하게 깎인 거대한 바위가 시야를 막고 나섰다. 초행자가 남미륵암을 찾아내기란 쉽지 않은 일이다. 또 남미륵암을 찾았다고 해서 마애불을 곧바로 발견해낼 수 있는 것도 아니다. 마애불은 무심코 대하면 보통의 바위로 지나치기 십상이다. 관찰하듯 주위를 자세히 들여다보아야 발견할 수 있는 이 음각 미륵입상은 정확한 비례로 균형감을 갖고 있다. 장구한 시간이 흘렀음을 보여주는 이끼가 그 장엄한 자태를 보호하듯 가리고 있지만 원만한 상호에서 풍겨 나오는 자비로움은 찬 기운 섞인 산바람을 데우기에 모자람이 없다.

이 미륵이, 하루 동안에 미처 완성하지 못해 천상에 되돌아가지 못했다는 천동의 전설을 간직한 바로 그 부처님이다. 그때 성질 급한 천녀가 밧줄을 끊지만 않았어도 보다 완전한 모습으로 우리 앞에 서 있었을 미륵불이다.

| 북미륵암은 두륜산 정상 부근에 위치해 있다. 암자라고 하기엔 규모가 좀 큰 것이 아쉬움으로 남는다. |

　불상을 세밀히 살펴볼수록 밧줄을 끊고 천상으로 올라갔다는 천녀가 원망스럽게 느껴졌다. 연인을 버린 행동에 대한 괘씸함보다는 조각을 하다 만 미완의 미륵에 대한 안타까움에서였다. 그대로 미륵이 완성됐더라면 얼마나 장관이었을 것인가.

　남미륵암에서의 애틋한 감상을 소중히 간직한 채 다시 산길을 헤치고 20여 분을 더 올랐다. 주로 북암으로 불리는 북미륵암은 두륜산의 정상에 위치해 있다. 수백 미터는 족히 넘을 가파른 바윗길을 오르다 땀이 송골송골 맺힐 즈음에 문득 고개를 치

해남 두륜산 57

 켜들자 북미륵암이 시야에 들어왔다. 암자라고 하기엔 규모가 커 주위 산세나 지형에 어울리지 않는 것이 다소 어색하지만 두륜산의 최고 기도처의 위용은 충분히 간직하고 있었다.

 예로부터 '마음 맑히는 도량'으로도 알려진 북미륵암은 유난히 기도 효과가 큰 도량으로 알려져 있다. 주로 스님 몇 분만 살며 기도를 하는 곳이었는데, 최근에는 이곳에서 기도한 사람들의 영험담이 입에서 입으로 전해지면서 암자를 찾는 불자들이 크게 늘어났다고 한다.

 가파른 경내 계단을 올라 법당 앞에 당도했다. 마침 법당 안은 수십 명의 신도들로 발 디딜 틈 없이 빼곡하게 차 있었다. 그러나 어쩌랴? 체면불구하고 신도들의 틈새를 비집고 들어가 참배를 하는 기도 객들에겐 불경스럽게 느껴졌을 정도로 미륵불의 모습을 뚫어지게 바라보았다.

　미륵은 그 키가 4미터가 넘는 여래좌상이다. 밋밋한 소발에 얼굴은 둥글고 넓어 풍만한 양감을 나타내고 있는데, 상대적으로 눈매는 섬뜩함을 느낄 정도로 예리하다. 그러나 둥근 코와 두툼한 입술이 주는 여유로움으로 전체적으로는 따뜻한 인상을 주고 있다.

　양식으로는 고려시대에 조성된 것으로 보이는데, 그 이전의 작품이라는 증거가 아직 발견되지 않아 학계 일각의 추측대로 통일신라시대까지 연원을 끌어올릴 수는 없을 것 같다. 수인이나 상호 등의 양식이 보통의 미륵과는 거리가 있지만, 이곳을 찾는 민초들이 이 불상을 미륵으로 믿고 있고, 그런 이유로 암자의 이름도 북미륵암이 되었다.

　아마도 미륵을 조각하던 중 어떤 중대한 사건이 일어나 남미륵은 미처 완성되지 못한 채 음각으로만 어렴풋하게 남아 있을 것인데, 후대의 민초들이 이 점을 아쉬워하며 만일암 연기설화를 만들었을 것이라는 추정이 가능하다.

　북미륵을 친견하고 법당을 빠져나오다가, 문득 이상한 느낌이 들어 다시 법당으로 되돌아가 미륵의 상호를 찬찬히 살펴보았다. 북암의 미륵이 어디서 많이 본 듯한, 낯설지 않은 얼굴을 하고 있었기 때문이다. 순간 나는 소스라치게 놀라지 않을 수 없었다. 북미륵암 미륵부처님의 얼굴 모습이 조금 전 보았던 남미륵과 판에 박은 듯 닮았음을 비로소 깨달았기 때문이다.

| 높이 4미터 크기의 북미륵상은 밋밋한 소발(머리)에 둥글고 넓적한 얼굴로 풍만감을 주는 불상이다. |

| 북미륵암 부처님 왼쪽아래에 있는 부조이다. 기둥에 가려있어 잘 보이지 않는 위치에 있다. 불상과 마찬가지로 바위에 새겨져 있다. |

해남 두륜산 59

| 마애여래좌상이 최근 국보로 지정되면서 전각을 새로 짓는 공사를 하게 되었다. 그 덕에 기둥 오른쪽 아래에 가려져 있던 부조도 빛을 보게 되었다. |

'아! 저 얼굴은 그대로 남미륵의 얼굴이다. 북미륵은 양각으로, 남미륵은 음각으로 새겨졌을 뿐, 소발 모양이나 눈, 코, 입 등 상호는 쌍둥이처럼 닮았다. 그렇다면 남미륵암의 미륵과 북미륵암의 미륵은 동일인의 작품으로 보아야 할 것인데, 이쯤 되면 미륵에 얽힌 전설의 내용도 바뀌어야 하는 것이 아닌가!'

　화순 운주사에서 천불천탑을 완성하기도 전에 "닭이 울었다."고 외친 한 사람의 거짓말로 민초들의 비원이 좌절된 것처럼, 이곳 두륜산에서도 천녀의 지나친 욕심으로 해가 저물어 미륵세상 건설이 수포로 돌아갔다는 가설도 충분히 가능할 것이고.

　두륜산을 빠져나와 국도를 달리다 잠시 샛길로 빠져 매화마을에 들렸다. 매화마을의 장관이야 소문난 것이니 해남 땅에 왔다가 이곳을 그냥 지나칠 수는 없는 일이다. 수만 그루의 매화나무가 지천에 깔려 있었다. 만개한 수만 그루의 매화나무가 만드는 광경은 장관 그 자체였다. 꽃으로 장엄된 불세계란 아마도 이런 모습일 것이란 생각이 들만큼 환상적이었다. 청홍백매 靑紅白梅가 제각기 품어내는 독특한 향기는 상춘객들을 절로 취하게 했다.

　그 순간 나는 몹시 평화로웠다. 행복했다. 미륵세상에서 느낄 수 있는 법열 法悅도 이와 같지 않을까. 삶에 지친 이들이 있다면 매화 피는 이른 봄날, 해남고을 두륜산을 찾아가보라. 애환을 보듬어주는 미륵과 미륵정토를 연상시키는 매화세상을 한꺼번에 만끽할 수 있을 것이니.

| 은진미륵은 옛 백제 지역에서 성행했던 미륵하생신앙의 영향을 받아 관촉사에 조성된 것으로 전해진다. 미륵의 출현을 기다리는 민초들의 염원에 부응해 땅에서 솟아오르는, 즉 두 발을 땅에 묻고 선 역동적인 모습으로 조성되긴 했지만 왕관 모양의 2층 보관을 쓰고 화려한 무늬가 두부 상단 부위에 조각돼 있으며 부리부리한 눈은 왕실이나 권문세가의 상징처럼 다가온다. |

새로운 세상을
만드는 이들

관촉사 은진미륵

관촉사 은진미륵의 발아래에는 많은 쥐가 모여 옹기종기 살고 있었다. 그중 한 쥐 가족에는 혼기가 찬 예쁜 딸이 있었는데, 부모 쥐는 애지중지하는 딸을 어두운 땅 속만 파며 사는 쥐에게 시집보내기가 싫었다. 그들은 이 세상에서 가장 힘센 신랑감을 찾아 시집을 보내야겠다는 생각으로 여기저기 수소문을 했다. 처음에는 세상을 밝게 비추는 해님을 찾아가 청혼을 해보았는데, 해님은 구름에게 가보라고 권했고, 구름은 다시 바람을 추천했다. 그러나 정작 바람은 아무리 세게 부딪쳐도 끄떡도 하지 않는 은진미륵을 지목했다. 부모 쥐가 다시 은진미륵님께 이야기하자, 미륵님은 쥐가 땅을 계속 파대면 자신은 넘어질 수밖에 없으므로 쥐야말로 가장 힘센 존재라고 알려줬다. 부모 쥐는 그때서야 자신들이 세상에서 가장 존귀한 존재임을 깨닫고 여러 청년 쥐들 가운데서 적당한 신랑감을 골라 딸을 시집보냈다.

| 은진미륵이 있는 것만으로도 논산은 이미 미륵의 성지이다. 은진미륵의 독특한 조형미와 화려한 양식은 일반인들에게도 잘 알려져 있다.

이것은 논산의 반야산 관촉사 은진미륵과 관련해 전해 내려오는 설화이다. 세상을 이끌어가는 중심이 지배계급이나 권력층이 아니라 기층 민중들의 결집된 힘임을 이 설화는 교훈적으로 알려주고 있다. 천 년 만 년 계속될 것 같던 권세도 그 밑바닥을 받치고 있으면서 직접 생산을 담당하는 기층 민중의 협조와 지지 없이는 존립할 수 없다는, 민심이 동요하면 아무리 강한 권력이라고 해도 필연코 붕괴된다는 가르침이다.

은진미륵이 있는 것만으로도 논산은 벌써 미륵성지라고 할 수 있다. 은진미륵은 그 높이가 18.12미터, 둘레가 9.9미터나 되어 우리나라 곳곳에 분포해 있는 거대 미륵의 대표이기도 하거니와 독특한 조형미나 투박한 양식, 은은한 미소 덕분에 일반인들에게도 미륵의 전형으로 각인되어 있다.

바람결이 제법 싸늘한 늦가을, 은진미륵과 고을 곳곳에 남아 있는 여러 미륵을 찾아 논산으로 달려갔다. 은진미륵은 여느 미륵과 달리 온갖 화려한 치장을 하고 있었다. 산자락 한 모퉁이에서 비바람을 맞으며 천 년의 세월을 견뎌온 것은 사실이지만 그 모습만큼은 결코 민중적이지 않았다.

관촉사 은진미륵은 옛 백제 지역에서 성행했던 미륵하생彌勒下生신앙의 영향을 받아 조성된 것으로 전해진다. 미륵의 출현을 기다리는 민초들의 염원에 부응해 땅에서 솟아오르는, 즉 두 발을 땅에 묻고 선 역동적인 모습으로 조성되기는 했지만, 왕관 모양의 2층 보관, 두부 상단 부위에 조각돼 있는 화려한 무늬, 부리부리한 눈 등은 왕실이나 권문세가의 상징처럼 다가왔다. 그러나 미륵을 건립한 연유가 민중을 위무하고 달래기 위한 것인 만큼 은진미륵의 조성 설화는 외모가 주는 느낌과 달리 민중적 성격을 가지고 있다.

한 여인이 반야산에서 고사리를 꺾다가 아이 우는 소리를 듣고 가보았더니 아이는

| 설령 은진미륵이 관세음의 모습을 하고 있더라도, 민초들은 이 석불을 미륵으로 신봉했다. |

없고 큰 바위가 땅속에서 솟아나고 있었다. 이 소식을 들은 조정에서는 바위에 불상을 조성할 것을 결정하고 혜명慧明에게 그 일을 맡겼다. 혜명은 100여 명의 공장과 함께 970년에 공사를 시작하여 1006년에 불상을 완성했다. 그러나 불상이 너무 거대하여 세우지 못하고 걱정만 하고 있었다. 그러던 어느날 사제촌에서 동자 두 명이 3등분된 진흙불상을 만들며 놀고 있었다. 먼저 땅을 평평하게 하여 그 본을 세운 후 모래를 경사지게 쌓아 그 중간과 윗부분을 세운 다음 모래를 파내었다. 혜명은 돌아와서 그와 같은 방법으로 불상을 세웠다.

이 설화에 등장하는 동자는 문수보살과 보현보살의 화현으로, 혜명스님에게 불상을 조성하는 방법을 알려준 것이라고 전한다. 불상이 세워지자 하늘에서는 비를 내려 불상의 몸을 씻어주었고 서기가 21일 동안 서렸으며 미간의 옥호에서 나온 빛이 사방을 비추었다고 한다. 이때 중국의 승려 지안이 그 빛을 좇아와 예배하고는 절 이름을 관촉사라고 불렀다는 것이다.

은진미륵의 생김새는 부처와 보살의 모습을 병용한 형식이다. 수인이나 법의의 모양은 부처의 모습이되 보살처럼 관을 쓴 이중적인 조형이다. 앞에서도 언급했듯이 미륵에 관한 한 그 모양은 그리 중요한 것이 아닌데, 그 연유는 고창 선운사 도솔암의 미륵과 관련하여 언급한 것과 다르지 않다. 즉 설령 관세음의 모습을 하고 있더라도 민초들이 그것을 미륵으로 여겼다면 미륵으로 보는 것이 옳다. 아직 오지 않은 미래의 부처님이기에 미륵에게는 정형이 없는 까닭이다. 이런 이유로 우리 미륵은 그저 민초들이 자신들의 구미에 맞게 이렇게 만들고 저렇게 조성한 경우가 허다하다. 그 모습이 관세음보살이든, 석가모니부처님이든, 지장보살이든, 아니면 장승이나 남근男根의 모습이든 간에 미륵부처님의 출현을 애타게 바라는 민초들이 미륵이라고 부르면 그것이 미륵이 되었다. 즉 민초들이 어떻게 부르고 받아들이느냐에 따라 불상의 성격이 정해진 것인데, 이는 전국에서 나타난 현상이다.

전부 다 그런 것은 아니지만, 미륵신앙이 성행한 곳에는 유달리 비옥한 토지가 많다. 김제 평야가 있는 모악산이 그렇고, 광활한 농지가 형성돼 있는 부여와 안성, 고창, 익산 등이 또한 그러하다. 이곳 논산고을 역시 옥토가 광활하게 펼쳐져 있으니 그 흥미로운 공통점에 부합된다고 할 수 있다. 이쯤 되면 미륵신앙과 광활한 옥토 사이에 무엇인가 깊은 상관관계가 있지 않을까 하는 의문이 들게 마련이다.

| 은진미륵의 어머니로 불리는 덕평리 미륵. 마모가 심해 표정을 알 수 없으나 전체적인 인상은 넉넉하고 자비롭다. |

옥토에서 필연적으로 발생할 수밖에 없는 지주와 소작인 사이의 갈등, 빈부의 격차, 계급 사이의 충돌로 빚어지는 여러 가지 모순, 그리고 곡창지대에서만 가능한, 혁명을 위한 재원 확보의 용이성 등이 미륵세상을 건설하려는 여러 시도의 원인으로 작용한 게 아닌가 싶다. 여기에서 오는 민초들의 불만, 불안, 소외감 등이 이른바 '변화'를 모색케 하는 혁명의 동인으로 촉발된 것이라면 지나친 비약일까.

어쨌거나 상대적 박탈감 속에 살아가는 민초들의 새 세상 건설 염원과 백제 멸망을 둘러싼 회한이 함께 서려 있는 고을이라는 점에서 논산은 미륵성지의 요건을 고루 갖추고 있는 셈이다. 인근에 있는, 태조 왕건이 후백제를 제압한 후 백제와 후백

| 연산면 고개 너머 늙은 소나무 아래에는 송불암 미륵이 길목을 응시하며 장승처럼 서 있다. |

제의 기세를 누르기 위해 세운 개태사開泰寺 미륵삼존불은 이곳에서 미륵신앙이 얼마나 성행했는지를 보여주는 본보기이다.

그렇다고 논산고을에 꼭 새 세상 건설이라든지 망국의 회한을 씻어내기 위한 목적과 같은 거창한 미륵신앙만 있었던 것은 아니다. 지금은 미륵사로 간판이 바뀐 송불암의 미륵에서 보듯 재앙을 물리치기 위해 일종의 벽사적辟邪 기능을 담당했던 미륵을 위시하여 전형적인 마을미륵의 역할을 하는 크고 작은 미륵들이 더불어 살아가는 땅 또한 이곳이다.

개태사 방향으로 국도를 따라가다가 파출소가 있는 왼편 골목으로 방향을 틀어 들어가면 광활한 농지로 이루어진 덕평마을이 나오는데, 이곳은 개태사 다음으로 규모가 큰절이었던 운제사雲際寺가 있던 곳이다. 흥미롭게도 여기에는 은진미륵의 어머니로 불리는 미륵석상 1기가 서 있다고 한다.

덕평리 이장의 안내를 받아 은진미륵의 엄마미륵을 찾아 나섰다. 무엇보다도 산골짜기와 숲 속을 헤매야 하는 수고를 덜게 돼 한결 마음이 가벼웠다. 10여 분쯤을 걸어 산기슭에 이리저리 제멋대로 퍼져 있는 나뭇가지 사이를 헤집으며 들어서니, 사람이 살고 있지 않은 폐가 한 채가 나타났다. 좌우를 살피니 마침 왼쪽으로 석상 같은 시커먼 물체가 눈에 들어왔다. 나는 한 걸음에 그 앞으로 달려갔다.

하체를 땅에 박고 서 있으니 미륵임에 틀림없고, 심하게 마모되었으나 얼굴의 모습이 인자하니 은진미륵의 엄마미륵(충남 유형문화재 제55호)임을 한눈에 알 수 있었다. 지방문화재로 지정되기는 했지만 오랜 세월동안 방치되어 몸체가 불에 그슬린 듯 시커멓고, 얼굴의 선이나 옷 주름은 닳고 닳아서 윤곽마저 흐릿해졌다. 그러나 풍기는 느낌만으로도 예사 부처님이 아님을 나는 알 수 있었다.

'이분이 바로 은진미륵의 엄마미륵이구나. 아들을 염려하는 마음에 정확히 관촉사 쪽을 바라보고 서서 오랜 세월을 견뎌 오신 엄마미륵이구나.' 미륵불상을 부둥켜안고 이리저리 매만지노라니 눈가에 눈물이 그렁거렸다. 불상에 손을 대는 불경을 저지르고 있다는 생각에 잠깐 멈칫거리기도 했지만, 언제나 민중들과 부대끼며 애환을 함께한 미륵이시니 뭐 그리 큰 문제가 되겠는가.

엄마미륵이라는 선입견이 어느 정도 작용했겠지만 이 미륵은 그대로가 자식을 걱정하는 엄마의 모습을 하고 있다. 모르긴 몰라도 민초들이 이 미륵을 '은진미륵의 어머니'라고 부른 것도 다 이런 느낌에서 비롯됐을 것이리라.

이 미륵은 본시 고려 무신 정공권鄭公權의 시에 소개되었을 만큼 잘 알려진 불상이었다고 전해진다. 정공권은 신돈辛旽을 탄핵하였다가 목숨을 잃을 뻔했던 인물로, 시문에도 능했다고 한다. 따라서 엄마미륵은 훼손되기 이전에는 그 모습이 매우 아름답고 우아했을 것으로 짐작된다.

덕평리는 예로부터 한양으로 가는 길목이었다. 농지도 비옥해 수천 명의 개태사 스님들이 마을까지 와서 농사를 지었다는 전설이 있다. 동네 어른들에 따르면 옛날에는 개태사 스

| 눈망울이 인상적인 송불암 미륵은 영험하기로 소문이 나 있다. 마을미륵으로 기능하고 있는 석불이다. |

| 한때 수천 명의 승려가 살았고 경내에 촌락이 형성되었을 만큼 사세가 컸던 개태사는 왜구의 잦은 침탈로 여러 차례 폐허가 되었던 아픈 역사를 갖고 있다.

님들이 추수를 마치면 일렬로 늘어서서 수확물을 절까지 차례로 전달하여 옮겼다고 한다.

개태사로 가는 도중의 연산면 고개 너머 찻집 옆 늙은 소나무 아래에는 송불암 미륵이 길목을 응시하며 장승처럼 서 있다. 송불암 미륵과 소나무가 이루는 조화는 한 폭의 동양화처럼 아름답다. 이 미륵에게는 유생과 노승에 얽힌 창건 설화가 전해온다.

천여 년 전 광산 김씨 문중에서 어머니가 돌아가시자 마침 지나는 스님에게 좋은 묘 자리를 정해달라고 요청했다. 스님은 묘 자리를 정해준 후 유족들에게 반드시 자신이 황룡재를 넘은 다음에 땅을 파라고 당부했다. 그러나 인부들이 지루함을 이기지 못해 그 말을 듣지 않고 땅을 파자, 거기에서 왕벌이 나와 쏜살같이 날아가 스님을 쏘아 죽게 했다. 이를 본 광산 김씨 문중에서 스님의 넋을 기리고자 미륵불을 세웠다.

— 주강현, 《마을로 간 미륵》

현재 송불암 미륵은 마을의 재앙도 막아 주고, 기도 성취 영험이 크기로 소문이 파다해 마을미륵의 역할을 톡톡히 해내고 있다. 미륵이 한 가지 소원은 반드시 들어준다고 소문이 나 지금도 미륵을 찾는 민초들의 발길이 끊이지 않는다고 한다.

어둠이 조금씩 밀려오는 저녁 무렵이라 서둘러 개태사로 달려갔다. 눈이 부시지

앉을 만큼 밝기가 퇴색된 태양이 마치 스러져 가는 백제와 후백제를 애도하는 듯 서글프게 다가왔다.

논산은 백제, 후백제 그리고 고려와는 떼어놓을 수 없는 격동의 땅이다. 계백階伯과 견훤甄萱의 묘가 자리해 있고, 계백과 화랑 관창의 일전으로 유명한 황산벌 역시 논산에 있으니, 이 고을에 살았던 민초들의 나라를 잃은 울분은 유난했을 것이 분명하다. 그 아픈 역사의 중심에서 민초들의 아린 가슴을 한껏 부둥켜안고 있는 비운의 절이 바로 개태사이다.

고려태조 왕건이 논산의 연산면에 개태사를 세운 것은 후백제 세력을 진압한 후 부처님의 위엄으로 피 어린 전투 현장의 상처를 덮고 백성을 위무함과 동시에, 논산 땅의 상서로운 지기地氣를 누름으로써 개국의 뜻을 확고히 하려는 의도에서였다고 한다. 개태사의 미륵은 민초의 염원을 담은 것이 아니라 오히려 반대로 상처 입은 민

| 태조 왕건의 위엄을 상징하고 있는 개태사 미륵은 장수의 모습을 하고 있다. 그래서인지 친밀감은 덜한 편이다. |

| 논산은 혁명의 고을이지만 그 느낌만은 여전히 푸근하다. 이는 산전수전 다 겪은 어미 미륵의 푸근함과 넉넉함이 만들어 낸 조화일지도 모른다. |

심을 승자의 위엄으로 아우르고, 또 한편으론 억누르려는 승자의 의도가 담긴 것이라는 이야기다. 그 때문인지 개태사의 미륵은 장수의 모습을 하고 있다. 당연히 친밀감은 덜하다.

수천 명의 승려가 살았고 경내에 촌락이 형성될 만큼 컸던 개태사도 고려 말기에 이르러서는 잦은 왜구의 침탈로 인해 여러 차례 폐허가 되었다. 깨진 채 남아 있는 거대한 쇠솥鐵䥸만이 옛 영화를 알려주고 있을 뿐이다.

그런데 흥미로운 것은 훗날 왜구가 해안을 넘어 비교적 내륙 깊숙이 있는 개태사를 유독 집중 공략했다는 사실이다. 그 연유로는 옛 백제 유민을 궤멸한 것에 대한 한풀이 때문이었다는 이야기가 구전으로 내려오고 있다. 그러니까 일본으로 건너간 옛 백제의 유민들이, 그들의 조상을 처참히 유린한 왕건을 응징하기 위해 왜구를 이끄는 장수가 되어 왕건의 상징과 같은 개태사를 공격했다는 것이다. 이 구전을 생각하면 얼마나 원한이 사무쳤기에 그리했을까 하는 처연한 생각이 부지불식간 밀려온다. 수백 년이 흐른 후까지 후손들이 천 리 바닷길을 건너 한풀이 원정을 했다는 것은 원한의 악순환이 보여주는 비극의 본보기가 아닐 수 없다.

그런데도 이 혁명의 고을 논산이 갖는 느낌이 격동의 기운이 아니라 외려 어미의 품처럼 푸근하게 다가오는 이유는 어디에 있을까? 그것은 필시 덕평리의 엄마미륵에서 보듯이 산전수전 다 겪고 난 후 더 성숙해진 어머니와 같은 논산고을의 땅 기운 地氣 때문일 것이다. 아니면 오늘 이 순간에도 여전히 민초들의 애환을 보듬고 있는 미륵들이 내뿜고 있는 구세원력에서 비롯된 것일지도 모르겠다.

| 백제가 멸망하고 난 먼 훗날 이 땅에 살고 있던 후손들이 하필 이곳, 그러니까 사비성을 지키던 전략적 요충지이자 백제 부흥운동이 일어난 곳에 거대한 미륵을 세운 이유는 옛 백제 땅에 사는 고려인들의 비원과 무관하지 않아 보인다. 고려시대에 고려의 양식이 아닌 백제의 양식으로 굳이 미륵을 조성한 것이 나그네의 상상력을 뒷받침하는 증거라고 한다면 지나친 것일까? |

애틋한 역사의
뒤안에서

부여 성흥산성과 대조사

　　　　　　　　　　　백제의 옛 서울 사비(부여)가 전해주는 정취를
굳이 표현한다면 애틋함이 아닐까 한다. 패망한 나라의 옛 영토이어서 그런지 충청
도와 전라도의 유적지를 찾아 나설 때의 마음이 언제나 스산함을 머금고 있는 것도
애틋함과 무관하지 않을 것이다.

　가을비처럼 촉촉이 다가오는 부여의 정취가 처연한 것은 "백마강 달밤에 물새가
울어 잃어버린 옛날이 애달프구나……."로 이어지는 유행가 〈백마강 달밤〉의 구성
진 노랫말 때문만은 아니다. 이곳 부여가 주는 느낌이 본시 그런 것이니, 이는 아무
래도 망국의 옛 도읍이라는 선입관이 뇌리에 작용한 탓이리라.

　부여가 애틋한 감상으로 다가오는 것은 그 역사가 그만큼 애틋하기 때문이다. 얼

| 옛 백제땅 구석구석에는 미륵이 흩어져 존재하고 있다. 대조사 미륵도 그 중에 하나이다. |

핏 보아도 미려하기가 견줄 곳이 없는 5층탑으로 행인의 눈길을 잡아끄는 정림사 터의 왠지 우울한 기운이라든가, 그 인근 박물관의 뜨락에 옮겨져 마치 수문장처럼 덩그러니 서 있는 금성산 미륵불상이 머금은 서글픔, 또 저 백마강 건너 부소산성 기슭에 자리한 낙화암의 황량함 등은 망국의 슬픔을 천 년 세월 동안 온전히 전해주는 대표적인 표징들이다.

  망국의 도읍지에 와서 느끼는 감성이란 누구나 비슷한 모양이다. 민속학자 주강현 선생은 그의 저서 《마을로 간 미륵》에서 부여에 대한 감상을, 《동문선東文選》에 실려 있는 이존오李存吾의 칠언고시 〈석탄행石灘行〉을 인용해 이렇게 표현하고 있다.

굵직한 암석이 줄지어 물가에 누웠구나.

쪽배 저어 남으로 돌면 더욱 그윽해

돌난간 계수나무 기둥이 맑은 못을 굽어본다.

돌부처여, 넌 의당 의자義慈시대를 보았으리라.

오로지 들 두루미가 와서 참선할 뿐이로구나.

옛 생각하니, 당나라 군사가 배로 들어왔을 때

웅병雄兵 십만 명에 북소리 둥둥

도문 밖 한바탕 싸움으로 나라 힘 다했으나

임금은 두 손 들고 묶임을 당했다.

용도 넋이 빠져서 제자리를 못 지킨 듯

돌 위에 남은 발자취 아직도 완연하다.

낙화봉 아래 물결만 출렁출렁

흰 구름 천 년 동안 속절없이 유연하구나.

한때 온갖 영화를 누렸을 고도가 그 당시에도 그렇게 허망하게 변해 있었던 모양이다. 이존오는 폐허가 된 부여를, 돌무더기만 시체처럼 남아 뒹구는 황량함을 표현하면서 망국 백성의 회한까지도 잘 담아내고 있다. 하긴 이존오가 아니더라도 당시 부여를 돌아본 이라면 누군들 슬픔을 머금은 시를 읊지 않을 수 있었겠는가.

| 대조사 미륵불상은 얼핏 관촉사 은진미륵을 연상시키지만 보면 볼수록 친근함과 푸근함을 발산시키는 특징이 있다. |

그러나 백제의 정신과 힘이 이처럼 허망하게 무너질 만큼 간단한 것이 아닐 터. 한때는 해상권을 장악해 인도지나에까지 세력을 뻗쳤을 정도로 강력했던 백제가 그렇게 호락호락 사라질 수는 없는 것이 아닌가.

실제로 백제는 끈질긴 생명력으로 남아 그 혼을 오래오래 불태웠다. 백제의 정신이 멸망 이후 수백 년이 지난 후에도 들풀처럼 끈질긴 생명력으로 되살아났음을 옛 백제의 땅 도처에 흩어져 있는 미륵을 통해 확인할 수 있다. 굳이 부여고을까지 달려와 미륵을 찾아다니는 이유도 여기에 있다.

꼭 미륵이 아니더라도 자신들만의 세련된 문화를 창조했던 백제의 힘이 하루 아침에 사라질 수는 없는 일이다. 눈에 띄지는 않더라도 백제의 혼을 담고 있는 흔적이 옛 백제 땅 이곳저곳에 살고 있는 민초들의 가슴속에 한이 되어 남아 있기 때문이다.

진표는 옛 백제 땅을 중심으로 미륵신앙 운동을 힘차게 벌인 바 있고, 후백제의 견훤도 충청과 호남 일대에서 백제 부흥을 내걸고 미륵을 자처하며 후백제를 건설했다. 바로 그 기개와 정신이 미륵불상들을 매개로 오늘에까지 전해지고 있는 것이니,

부여의 미륵들은 그 후손들에게 백제의 정신과 힘을 잘 드러내 보여주는 대표적 증거라 할 수 있다.

| 대조사 미륵불은 성흥산을 뒤로 한 채 금강의 장쾌한 줄기를 묵묵히 지켜보고 있다. |

부여읍내를 벗어나 29번 국도를 따라 가다 보면 곧 임천면이 나온다. 면사무소 옆의 초등학교를 끼고 돌아서 비교적 가파른 성흥산 산길을 10여 분 달려 오르다 보면 거대한 미륵을 품고 있는 성흥산성과 대조사大鳥寺가 덤비듯 눈앞에 나타난 다. 대조사가 자리한 성흥산은 마치 용이 달리듯 굽이치는 금강 줄기가 아스라이 보이고, 부여를 중심으로 한 백제벌이 한눈에 들어오는 천혜의 요지이다.

대조사 뒤쪽 정상에는 옛날에는 가림성으로 불린 성흥산성이 있는데, 이는 동성왕 23년(501년) 사비도성을 수호하기 위해 축조한 것이다. 테뫼식 석축산성으로 둘레가 800미터에 불과하지만 워낙 견고한 요새라서 신라군도 안개가 자욱한 날을 택해 이 성을 피해 돌아가서 가까스로 사비성을 함락시켰다는 이야기가 전해 내려온다.

외세唐를 끌어들인 신라의 공격으로 국운이 풍전등화의 위기에 처해 있을 때 결연한 의지로 성을 지키던 성흥산성의 성군들은, 사비성이 신라군에 함락되어 초토화되었다는 소식을 전해 듣고는 모두 자결을 감행했다. 망국의 한을 품고 죽어간 성군들의 원혼이 남아 있기 때문인가? 초겨울 삭풍이 몰아치는 산성 안 바닥에 제멋대로 굴러다니는 낙엽들은 처참히 죽어간 백제 병사의 피를 머금은 듯 유난히 검붉다.

핏빛 어린 단풍잎처럼 성흥산에는 한이 많이 서려 있다. 패망 후 유민을 이끌고 백제 복원을 주도했던 복신장군의 한을 머금은 곳도 이곳 성흥산이니, 백제 멸망 과정을 이야기하며 성흥산을 빼놓을 수 없는 이유가 여기에 있다.

성흥산성에서 내려다본 부여 일대의 지형은 장관이다. 반듯하게 정리된 광활한 농경지이며, 곳곳에 크고 작게 솟아오른 산봉우리들, 한 나라의 수도를 세우기에 손색없는 금강 강줄기의 장쾌함 등은 당시 세계 최고 수준의 찬란한 문화를 꽃피웠던 위용을 배태하기에 모자란 구석이 없다.

흥미로운 것은 산성 바로 아래에 위치한 대조사의 미륵부처님의 시선도 바로 이 백제의 백성들이 들일을 하며 살았던 삶의 터전, 즉 지장골 등을 향하고 있는 점이다. 아마도 당시 대조사의 미륵불상을 조성한 고려의 백성 역시 가슴속 깊이 새 세상 건설의 비원을 담고 있었기 때문일 것이리라.

백제가 멸망하고 난 먼 훗날 이 땅에 살고 있던 후손들이 하필 이곳, 그러니까 사비성을 지키던 전략적 요충지이자 백제 부흥운동이 일어난 곳에 거대한 미륵을 세운 이유도 옛 백제 땅에 사는 고려인들의 비원과 무관하지 않아 보인다. 고려시대에 고려의 양식이 아닌 백제의 양식으로 굳이 미륵을 조성한 것이 나그네의 상상력을 뒷받침하는 증거라고 한다면 지나친 것일까?

대조사 미륵불 앞에 선 나그네의 눈길은 거대한 미륵불의 몸체를 관통이나 할 듯이 움직일 줄 몰랐다. 일견 논산 관촉사의 은진미륵과 흡사하지만, 그 눈길이 가져다 주는 애처로움은 오로지 대조사 미륵불에게서만 느낄 수 있다. 눈물이 고여 있지 않을까 하는 착각이 들 정도로 미륵의 안상眼相은 그 표현기법이 놀랍다.

세월의 무상함 때문인가? 아니면 민초들의 간절함이 수그러들었기 때문인가? 자연바위를 그대로 깎아 만든 미륵의 몸체 곳곳에 균열이 한창 진행되고 있었다. 전문가들에 따르면 그 균열의 정도가, 시급히 조치를 취하지 않으면 훼손이 불가피할 정도로 심각한 수준이란다. 미륵에게 우산을 씌운 듯 멋진 모습으로 서 있는 고송古松도 석불 균열의 범인으로 지목되어 머잖아 영욕의 세월을 마감하게 된다니, 보는 이의 가슴은 답답하기만 했다.

　기록에 따르면 대조사는 백제의 성왕이 부처님의 힘으로 나라의 안위를 빌기 위해 조성한 호국사찰이다. 성왕 5년 사월초파일을 기해 공사를 시작했는데, 신기하게도 밤이면 새들이 날아와 울고, 새가 울면 주위가 대낮처럼 밝아져 주야로 공사를 강행할 수 있었다고 한다. 그 덕에 10년은 족히 걸릴 불사가 5년 만에 끝나는 기적이 일어났다고 한다. 준공법회에 성왕이 당시 수도 웅진(공주)에서 직접 찾아와 참석했는데, 법회가 끝날 무렵 황금빛의 큰 새가 내려와 앉았다가 나래를 치며 서쪽 하늘로 날아갔다고 하여 절의 이름이 대조사가 되었고, 웅진에서 소부리(부여의 옛 이름)로 천도한 백제의 제일 호국도량이 되었다.

　그리고 많은 세월이 흐른 훗날, 바로 이 자리에 고려인들은 거대한 미륵을 조성했다. 앞서 언급했듯이 그들은 자신들의 선조이기도 했던 백제 유민의 한을 달래고, 새 세상의 꿈을 못다 이룬 선조들의 비원을 생각하면서 백제 양식으로 정성껏 미륵부처님을 조각했을 것이라는 점은 앞서도 언급한 바 있다.

　오랜 세월이 흐른 후에도 변함없이 분출되는 이 고을 민초들의 성정 또한 주목할 만하다. 조선 말엽 갑오농민혁명이 일어났던 곳이기도 한 백제 벌과 그곳의 중심을 굽이치듯 휘감고 지나가는 금강 줄기. 시인 신동엽은 〈금강〉이라는 제목의 시를 통해 무섭도록 질기고 한 서린 부여를 이렇게 노래했다.

| 대조사 뒷쪽 정상에 자리한 성흥산성은 워낙 견고한 요새로 알려져 신라군도 이곳을 피해 돌아갔다는 기록이 전해온다. |

백제,

옛부터 이곳은 모여

썩는 곳

망하고 대신

거름을 남기는 곳

금강

옛부터 이곳은 모여

썩는 곳

망하고 대신

정신을 남기는 곳

성흥산에서 내려와 다시 읍내로 향했다. 허기를 메우기 위해 백마강 강가에 위치한 부여 최고의 유원지 '구드레'로 가 막국수 집에 들렀다. 시원한 국수국물이나 쫄깃한 면발이 춘천의 그것에 조금도 기움이 없었다. 두 그릇을 내리 마시듯 들이킨 후 강가로 걸어 나와 기지개를 켰다.

백사장이 강바닥의 대부분을 차지할 정도로 수량이 줄어든 백마강 줄기 건너편으로 부소산성이 한눈에 들어왔다. 시선이 낙화암에 이르니 이존오의 시 〈석탄행〉의 시구가 떠올랐다. "돌부처여, 넌 의당 의자시대를 보았으리라"라는 대목에서 돌부처가 저 성흥산 대조사 미륵불로 승화돼 민중의 곁으로 돌아왔을 것이라는 생각이 뇌리를 스쳐갔다.

영욕의 역사를 간직한 부여는 점점 의구한 모습을 잃어가고 있었다. 개발의 물결에 밀려 고도의 맛을 잃어가고 있는 현장은 보는 이의 가슴을 안타깝게 했다. 나도 모르게 읊조리듯 탄식의 소리를 내뱉었다.

"돌부처여, 넌 지금 의당 개발이라는 이름의 파괴의 시대를 보고 있으리라. 포크레인의 굉음 터질 때마다 너의 가슴은 천둥처럼 놀라고 그 처연한 눈가에서는 슬픔을 가득 머금은 눈물도 떨구어질 것이리라."

명산 미륵도량에 선 웅장한 미륵
사찰미륵에 대하여

불교학자 이종익의 분류에 따르면 미륵신앙의 사상적 성격에는 대체로 일곱 가지의 특성이 나타난다. 즉 당래불當來佛 사상, 지상천국 사상, 말세중생 귀의처 사상, 평화 사상, 십선공덕十善功德 사상, 도솔천 왕생사상, 멸죄성복滅罪成福 사상이다. 이중에는 도솔천 왕생신앙처럼 아미타 정토신앙과 비슷한 것도 있고, 평화사상이나 멸죄성복 신앙처럼 다른 보편적 신앙과 같은 성격의 신앙도 있다. 이중 당래불, 지상천국, 말세중생 귀의처, 평화, 십선공덕 등은 미륵 사상만이 갖고 있는 독특한 신앙의 형태이다.

그러므로 미륵은 시대적, 지정학적, 기능적 특성에 따라 각기 그 역할을 달리 부여받고 있다. 그러나 우리나라에 산재한 미륵을 일정한 기준으로 분류하는 것은 어려운 일이다. 그 기준의 경계나 구분이 애매모호한 경우가 허다하기 때문이다. 우리미륵에 대한 대중적 이해를 높이기 위해 쓰인 이 책에서는 사상적 분류보다는 사찰미륵, 마을미륵, 절터미륵, 민중미륵 등 네 가지의 기능적인 분류를 해보았다.

1부에서 살펴본 미륵은 사찰미륵들이다. 현재도 미륵사상을 중심으로 창건된 사찰에 위치해 있으면서 말세 중생들의 귀의처 역할을 하고 있는 미륵을 말한다. 금산사나 법주사와 같이 우리나라를 대표하는 미륵도량들이 여기에 해당한다. 또한 이름난 사찰이 아니더라도 사찰 경내에 위치해 있는 미륵은 사찰미륵이다.

사찰미륵은 형성의 과정형태상 두 가지로 구별할 수 있다. 하나는 법주사나 금산사처럼 본래 사찰 창건 당시부터 미륵도량으로 세워져 미륵불을 모신 경우이다. 다른 하나는 미륵불이 위치해 있는 곳에 스님들이나 신도들이 찾아와 절을 세운 경우이다. 전자의 경우는 법주사, 금산사, 대조사, 관촉사 등의 경우처럼 명산대찰이나 유서 깊은 사찰의 미륵으로 자연히 미륵의 모습 또한 장중하고 당당하며 조형적 우수성이 있는 경우가 많다. 후자의 경우는 으례 이름이 크게 알려지지 않은 절들이다. 이런 경우의 미륵은 솔직히 마을미륵과의 구분이 모호한 경우가 대부분이다. 버려지거나 방치된 미륵에 불자들이 찾아와 절을 세우고 돌보며 치성을 올리게 된 경우이니 마을미륵이 사찰미륵으로 탈바꿈한 경우라고 할 수 있다. 이 책에서는 명산대찰이나 유서 깊고 관련된 이야기가 있는 사찰들을 찾아 순례했다.

사찰미륵들은 여러 미륵들 중에서 비교적 후한 대접을 받고 있는 미륵에 속한다. 스님들과 신도들, 그리고 이곳을 찾는 많은 중생들로부터 극진한 공양을 받으면서 귀의처로서 당당히 역할을 하고 있기 때문이다. 대개 명산에 위치해 있으며 미륵의 위용도 비교적 웅장한 것이 사찰미륵들의 공통점이라고 할 수 있다.

■ 고창 선운사
위치 : 전북 고창군 아산면 도솔산 / 연락처 : 063-561-0039

■ 모악산 금산사
위치 : 전라북도 김제시 금산면 금산리 39번지 / 연락처 : http://www.geumsansa.org/

■ 법주사
위치 : 충청북도 보은군 내속리면 사내리 / 연락처 : http://www.pubjusa.or.kr/

■ 해남 두륜산 ― 대흥사
위치 : 전라남도 해남군 삼산면 구림리 799번지 / 연락처 : 062-534-5502

■ 관촉사
위치 : 충청남도 논산시 관촉동 254번지 / 연락처 : 041-735-4296

■ 성흥산성 대조사
위치 : 충청남도 부여군 임천면 구교리 성흥산 / 연락처 : 041-833-2510

>>> 앞의 사진 | 서울에서 인접한 거리에 있는 안성은 '미륵의 메카'로 부를 수 있을 만큼 미륵이 산재한 곳이다. |

2
민초 찾아 마을로 내려온 미륵

마을미륵 편

| 청양은 망국 백제 유민의 최후 저항지인 은산이 인근에 접해 있어 역사적으로 회한이 어린 고을이기도 하다. 따라서 이곳의 미륵 역시 처음에는 망국의 한을 간직하고 있었을 것이지만 세월이 흐르면서 차츰 마을미륵으로 역할을 바꿔온 것으로 생각된다. |

20세기에 조성된
마지막 마을미륵

청양 미당리 미륵

미륵신앙의 특징 중 한恨은 빼놓을 수 없는 요소이다. 민초들의 한이 사무친 곳에 어김없이 미륵이 있었고, 민초들은 또 미륵에 기대어 한을 풀고 새 세상 건설을 갈망했다.

"콩밭 매는 아낙네야, 베적삼이 흠뻑 젖는다. 무슨 사연 그리 많아 구비마다 눈물 고였나."라는 유행가 가사로 더 잘 알려진 칠갑산의 고장 청양도 그런 애틋한 사연들을 적잖이 간직한 곳이다.

충청도를 가로지르는 금강 줄기를 따라 공주에서 부여 방향으로 내려오다 보면 우측에 우뚝 선 것이 칠갑산이요, 좌측에 버티고 서 있는 것이 계룡산이니 청양은 명산名山과 장강長江이 제대로 어우러진 곳에 위치하고 있는 셈이다.

| 청양 미당리 마을미륵은 시장 골목 안에 자리하고 있다. |

민속신앙이 많이 전승되는 지역으로 잘 알려진 칠갑산 일대는 특히 장승·솟대신앙이 크게 번성한 곳이다. 전국에서 장승이 가장 많이 운집한 곳이기도 하거니와, 충청도 특유의 목장승을 보려면 칠갑산 아래 청양으로 가야 한다는 속설은 오늘날에도 유효하다.

그러나 세월이 흘러 마을을 지키던 목장승이 하나 둘씩 자취를 감추기 시작했다. 군사정권의 미신타파 정책과 우리 문화의 소중함을 모르는 일부 외래문화 추종자들의 사려 깊지 못한 행동이 오랜 세월 동안 마을을 지켜왔고 길동무가 되었던 장승의 밑동을 사정없이 잘라냈던 것이다.

그 후 수십 년이 흐르고 나서야 그때의 행동이, 얼마나 몽매한 것이었는가를 느낀 사람들이 나타나기 시작했고, 최근 들어서는 아예 장승을 무더기로 만들어 한 군데에 모아 놓고 관광자원으로 활용한다며 법석을 부리기까지 하니 이를 다행이라고 해야 할지 선뜻 판단이 서지를 않는다.

칠갑산 아래 청양군 장평면 미당리의 마을미륵을 찾아 발길을 재촉했다. 청양은 망국 백제 유민의 최후 저항지인 은산이 인근에 접해 있어 역사적으로 회한이 어린 고을이기도 하다. 따라서 이곳의 미륵 역시 처음에는 망국의 한을 간직하고 있었을 것이지만 세월이 흐르면서 차츰 마을미륵으로 역할을 바꿔온 것으로 생각된다. 민초들의 염원에 따라 역할을 바꾸는 것으로는 아마도 미당리의 미륵이 그 대표 격이 아닌가 한다.

시장바닥 한가운데 선 정자나무 아래, 몸통은 간 데 없고 머리 부분만 남아 덩그러니 놓여 있다는 미당리 미륵의 실제 모습이 시장터에 가까워질수록 궁금해졌다. '지금까지 온전하게 보존되어 있을까? 혹시 책에서 보았던 미륵의 불두佛頭마저 아예 사라진 것은 아닐까?' 마을로 들어설 때까지 왠지 미륵의 두부가 다른 곳으로 옮겨졌을지도 모른다는 불안감이 가시지 않았다. 미륵이 자리한 시장골목에 가까워질수록 불안감에 콩닥거리는 심장의 박동소리는 더욱 빨라졌다.

'앗, 저분인가, 미당리 미륵이?' 나는 잠시 걸음을 멈추고 거대한 석상을 살폈다. 새로 만든 흔적이 뚜렷한데, 머리 부분을 살펴보니 눈에 익은 부처님이다. 그러니까 두상이 사라지기는커녕 외려 당당한 몸채를 새로 맞이하고 정자나무를 뒤로 한 채 우뚝 서 있는 것이다. 머리 부분만 남아 천덕꾸러기처럼 내굴려지고 있거나, 어쩌면 아예 버려져 모습을 볼 수 없을지도 모른다는 불안감을 일시에 날려버리는 저 늠름한 모습이라니!

| 미당리 미륵은 본래 머리 부분만 남아 있었으나 지난 1997년 마을 사람들이 힘을 모아 몸체를 조성, 새롭게 완전한 모습으로 태어났다. |

| 미당리 미륵은 예전 만큼은 아니지만 마을미륵의 역할을 톡톡히 담당하고 있다. |

나도 모르게 미륵에게 달리듯 다가갔다. 합장을 하는 둥 마는 둥 시선은 벌써 미륵불 왼편에 있는 미륵불 중수기념비의 비문을 급하게 읽어 내려가고 있었다.

서기 1808년 순조 8년 대홍수가 휩쓸어 가옥과 전답이 실몰되고 겨우 인명만 살아남아 대피하였으나 미륵불은 간 곳이 없었다. 그러던 중 1941년 동네 배수로 공사 작업 중에 미륵불의 두상을 발견하여 동민들은 이를 정중히 모셔 현재 미당 중앙 부팽나무 아래 안치하고 그때부터 칠월칠석일에 칠석제를 올려 동네 발전을 기원하여 오던 중 서기 1960년부터는 시대의 변천에 따라 장승제를 철폐하고 있으며, 미륵불 하체는 계속 찾으려 하였으나 뜻을 이루지 못하여 동민들과 출향 인사들의 성금으로 미륵불 중수의 오랜 염원을 장장 189년 만에 이룩하였다. 이는 본동의 수호신이요 미당 전 동민이 일치단결하고 애향심을 높이는 상징이니 이 뜻을 천세만세토록 면면히 이어가며 경건하게 봉수할 것을 바라며 기적비를 세우니 이를 보고 본받아 더욱더 이 고장 발전에 이바지하기를 기구하는 바이다. 1997년 정축 칠월칠석일 동민 일동.

비문을 읽으며 감동을 억누를 수가 없었다. 복받치는 감동에 눈물이 솟고 목이 메었다. 거의 대다수 지역에서 그곳의 미륵이 마을의 민초들에게조차 외면당하는 게

상례였는데, 이곳만은 이렇게 다른 대접을 받고 있으니 어찌 감격스럽지 않으랴? 찾는 이 없이 버려진 채로 남아 언제 사라질지 모르는 처지에 있는 것이 오늘날 마을미륵의 서글픈 현실인데, 이곳 으뜸 들판長坪에 사는 미당리 민초들은 스스로 돈을 모아 미륵을 다시 세웠다. 어찌 이것이 20세기 이 땅에서 이루어진 진정한 미륵불사가 아닐 수 있겠는가? 미륵을 친견할 때마다 저 옛날 선조들이 가졌던 간절한 비원을 상상으로만 접할 수 있었는데, 청양에 와서 민초들이 마을미륵을 모시는 성스러운 현장을 목도했으니 그 감격을 제대로 표현하기 어렵다.

　마을의 이름인 '미당'은 미륵당의 준말이다. 하나밖에 없는 초등학교의 이름도 미당이요, 교회의 이름도 미당교회이니 이곳이야말로 마을미륵이 살아서 제 역할을 다하는, 다시 찾아보기 힘든 생생한 미륵성지인 셈이다.

　기록에 따르면 미당리에 미륵이 들어선 때는 고려 충숙왕 13년(1331년) 6월이다. 당시 나라에 대홍수가 발생하여 농토가 유실되고 민심이 도탄에 빠져 있었다. 실의에 빠진 백성들은 간신히 정신을 가다듬고 피해 복구 작업에 나섰고, 마을의 어른들은 이번 기회에 앞으로 다가올 재난에 대비할 대책을 세워야 한다는 공론에 나섰다. 마을 원로회의에서 대책을 논의하고 있는데, 마침 백발의 한 노승이 지나며 마을에 무슨 일이 있는지를 물었다. 이에 마을 대표가 전후 사정을 이야기하니, 노승은 동네 5방五方에 장승을 세우고 정월 보름날에 장승제를 지낼 것이며, 마을 중앙에는 미륵불을 세워 칠월칠석에 칠석제를 지내면 동네가 평안하고 번영할 것이라고 일러주고 떠났다. 원로회에서 노승의 말대로 장승을 세우고 미륵불을 세울 터를 닦으니, 노승이 다시 나타나 미륵불상을 세울 곳을 무명천으로 씌우고 부정한 사람이 접근하지 못하게 하라고 일러주고는 홀연히 사라졌다.

　일주일 후 원로촌장이 아침에 일어나 보니 미륵불을 세우려고 예정한 터에 하얀 보자기로 씌워진 30척 가량의 물체가 우뚝 서 있어 열어보니 바로 이 미륵불이었다.

마을 사람들은 노승의 지시대로 미륵불 제막의 축제를 마련하고 재앙을 축출하는 재를 미륵불 전에 올렸고, 이후 마을에 일체의 재앙이 사라졌다고 한다.

낯설은 외지인이 나타나 세밀히 미륵을 살펴보는 모습이 이상했는지, 미륵상 옆 가게에서 장사를 하고 있는 한 초로의 아낙네가 "어디서 온 사람이냐?"며 말을 건네 왔다. 마침 그 아낙으로부터 한때 마을 사람들이 미신이라고 하면서 장승을 모두 잘라버렸다는 사실 등 미륵에 얽힌 이야기를 들을 수 있었다. 아낙에 따르면, 미륵을 제대로 돌보지 않아서 그랬는지 젊은 사람들이 많이 다쳐 나갔고 영 되는 일이 없어 동민이 모여 미륵을 중수하기로 의견을 모아 한마음 한뜻으로 미륵 조성불사를 완성했다. 그 후론 마을에 어려운 일이나 사고를 당한 사람이 없어 미륵을 모시는 마을 사람들의 치성이 많아졌다는 것이다.

지금도 살아 기능하고 있는 미륵을 만난 기쁨이야, 미륵을 찾아 전국을 헤매는 사람이 아니라면 잘 헤아릴 수 없으리라. 오늘의 민초들에게 안녕과 행복을 가져다주는 미륵을 친견한 모처럼 만의 뿌듯함으로 몇 백 리 길을 달려오면서 쌓인 피로는 부지불식간 말끔히 가셨으니 말이다.

미륵의 성지답게 미당리 인근에는 절터가 제법 남아 있다. 교통이 빈번한 서정리 사거리 옆 논 한가운데에 보물로 지정된 9층탑이 우뚝 서 있어 이 일대에 거대한 사찰이 있었을 가능성을 보여주고 있다.

미당리를 빠져나와 부여 쪽으로 달리다 보면 얼마 가지 않아 은산이 나오는데, 이곳에는 백제 부흥군을 이끌었던 복신장군과 승려 도침道琛대사를 마을 지킴이로 모신 별신당이 자리하고 있다. 백제의 광복운동을 벌이다가 무참히 죽어간 백제 유민의 한이 별신굿으로 되살아난 곳이다. 또 그곳에서 채 5분이 걸리지 않는, 가중리 가는 길목에는 마을미륵 한 기가 외로이 서 있는데, 누군가 얼굴을 시멘트로 덧칠해 보수한 뒤 은색 페인트를 발라 천박한 느낌을 주고 있었다.

여러 차례 언급한 바 있지만 나당 연합군에 의해 처참히 짓밟힌 옛 백제 땅에 미륵이 많이 분포하는 것은 결코 이상한 일이 아니다. 그러나 그곳의 미륵 모두가 민초들과 유리된 채 버려져 있는 것만은 아니다. 미당리 미륵에서 보듯 동시대를 사는 오늘의 민초들이 제각각 정성을 모아 21세기를 코앞에 둔 시점에서도 마을미륵을 중수하는 일도 있는 것이다.

전국에서 태양이 가장 밝고, 공기와 물이 가장 맑다는 '살아 있는 미륵의 고을' 청양 땅에 와서야 나는 모처럼 함박웃음을 머금었다. 머잖아 미륵의 새 세상이 다가올 것이라는 믿음이 온전히 담겨 있는 미소이다.

민초들에조차 관심 밖으로 밀려난 이 땅의 거의 모든 마을미륵들이 청양 미당리의 미륵처럼 다시 마을의 수호신으로 우뚝 서는 날, 온갖 미륵들은 신바람이 나 저자거리로 성큼성큼 달려오리라는 믿음을 간직한 채 상쾌한 기분으로 귀경 길에 올랐다.

| 오늘날 민초들이 추렴을 해 미륵을 조성하기란 결코 쉬운 일이 아니다. 청양 '미당리'가 살아 있는 미륵의 고을인 이유가 여기에 있다. |

| 안국사 터가 자리하고 있는 당진고을은 망이·망소이의 난이 일어난 공주와 지척의 거리에 있는 내포지역 중에 한 곳이다. 이곳은 출세와 권세에 등을 돌린 민초들이 나름의 삶을, 비록 소란스럽지는 않았으나 내면으로는 아주 치열하게 가꾸어나갔던 동리이다. |

민초만을 위한
순박한 귀의처

당진 안국사 미륵

무신들의 권력투쟁이 기승을 부리던 고려 명종 시기, 신분제도 타파를 목적으로 충청도 지역에서 봉기한 농민과 천민이 있었다. 중·고교 시절 역사 시간에 한두 번은 들어보았을 망이·망소이의 난이 그것이다. 천민들이 난을 일으킨 것은 우리나라 역사상 유례를 찾아보기 어렵다. 더구나 이들의 세력이 매우 강성하여 조정에서 공주 명학소를 현으로 승격시켜 위무하기까지 한 것을 감안하면, 망이·망소이 형제를 중심으로 분출된 민초들의 신분제 철폐를 위한 몸부림이 얼마나 간절했는지를 짐작할 수 있다.

| 당진 안국사에는 수천 개의 장독항아리들이 즐비하다. 수천 수만의 인파들이 먹을 장독이 필요한 때는 언제일까? 미륵이 주재하고 이루어진 때는 아닐까. |

안국사安國寺 터가 자리하고 있는 당진고을은 망이·망소이의 난이 일어난 공주와 지척의 거리에 있는 내포지역 중의 한 곳이다. 이곳은 출세와 권세에 등을 돌린 민초들이 나름의 삶을, 비록 소란스럽지는 않았으나 내면으로는 아주 치열하게 가꾸어나갔던 동리이다.

무신집권기에 무신 세력 상호간의 물고 물리는 권력다툼으로 인하여 중앙정부의 지방통제력이 크게 약화되었을 무렵 각 지역에서 차별받았거나 소외되었던 불만 세력들의 발호가 잇따라 발생한 것은 충분히 예견되는 일이었다. 불만 세력들의 발호는 무장봉기와 같은 반란과, 아예 독자적으로 공동체의 삶을 공고히 하려는 움직임 등으로 나누어 표출되었다.

봉기의 형태를 띤 대표적인 움직임이 공주 명학소 사건이다. 명종시대(1174년), 서

북지역에서 일어난 조위총의 난이 서적西賊이라고 불린 데 비해, 2년 뒤 공주 지역을 중심으로 일어난 명학소 사건, 즉 망이·망소이의 난은 남적南賊으로 불렸을 만큼 충격적인 사건이었다. 그만큼 망이·망소이의 난이 나라에 미친 파장은 대단히 컸다.

그러나 망이·망소이 형제와 같이 물리적 힘을 가지고 당면한 문제에 정면으로 부딪쳐 해결하려 했던 시도가 일차적인 승리를 거두었음에도 끝내 좌절되는 것을 보아온 내포지역 민초들이 택할 수 있는 길은, 오로지 살육과 차별이 없는 미륵부처님의 세상을 염원하는 것뿐이었다.

여기서 내포지역이란 어디를 말하는 것인가? 백두대간에서 뻗어 나온 한남정맥이 치올라가다가 장항령에서 나뉘어 남진한 줄기는 남포 성주산까지 내려가며 금북정맥을 이루었고, 다른 한줄기는 서북으로 휘돌아 보령 오서산으로 이어져 북으로 내달리며 여러 가닥의 산줄기를 서쪽과 북쪽 바다로 뿜어내 대소 반도가 형성되었다. 그 산맥 사이로 흐르는 시냇물들이 바다와 직결되어 물길이 내륙 깊숙이 수십 리까지 들여진 지역이 있는데 이곳을 내포지역이라 일컫는다.

이 지역은 후백제가 융성했던 곳으로, 통일신라 후기 이래 진표 등이 펼쳤던 미륵신앙이 이곳에서도 주축을 이루었다. 또한 내포지역은 지정학적으로 중국과 통하는 관문에 해당하여 다른 나라의 문물을 수용하는 데에서도 매우 선진적이었다. 게다가 널찍한 들과 계곡처럼 경제적·지리적으로 양호한 조건을 갖추고 있었다.

정치적 혼란과 사회적 불평등이 극심했던 시절을 살던, 그렇다고 해서 이를 개혁할 만한 충분한 힘도 갖추지 못한 민초들이 할 수 있는 일은 그리 많지 않았다. 세상을 바꾸려는 시도가 좌절되는 현장을 지척에서 지켜보았을 토착 세력과 또 낮은 신분의 민초들이 선택은 오직 그들만의 공동체를 이루는 길뿐이었던 것으로 보인다.

그 길은 부귀영화도, 입신양명도 내키지 않고 오로지 지금 이곳에서 무리지어 평화롭게 살아가려는 것이었다. 마음 속 깊이 숨겨놓았지만 포기할 수는 없는 새 세상 건설의 비원을 그저 미륵부처님께 맡겨두려는 소박한 민초들이 모여 불사를 일으키고 오순도순 평화롭게 살아가는 길이었다.

절의 이름이 안국사인 연유도 이런 민초들의 속내와 무관하지 않을 것이다. 대개 국國자가 이름에 포함된 절은 왕실과 직결된 원찰이 대부분이지만 이곳 당진의 안국사만은 그렇지 않다. 단정할 수 없겠지만 안국사에서 국자가 의미하는 것은 국가나 국왕이 아니라 민초들 스스로 염원하며 건설하고자 했던 미륵의 나라(용화불국)를 상징하는 것이리라.

안국사의 창건을 주도한 세력이 분명치 않은 것도,《세종실록지리지世宗實錄地理志》나《신증동국여지승람新增東國輿地勝覽》에도 이렇다할 지배 세력이 드러나지 않은 채 곽郭, 박朴, 명明, 여余의 4개 성씨만이 나타나고 있는 것도 이 지역을 뚜렷한 지도자가 관리했다기보다는 민초들이 운영하여 이어왔음을 짐작케 한다.

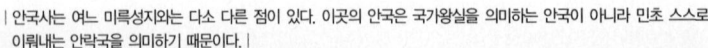
| 안국사는 여느 미륵성지와는 다소 다른 점이 있다. 이곳의 안국은 국가왕실을 의미하는 안국이 아니라 민초 스스로 이뤄내는 안락국을 의미하기 때문이다. |

이런 가능성은 안국사의 불상이나 탑의 양식에서도 엿볼 수 있다. 예컨대 고려 건국 초기 광종 대에 왕사를 지냈던 법인국사 탄문의 유적이 남아 있는 인근 보원사지의 탑비와 안국사 터가 풍기는 이미지는 주변 분위기에서부터 차이가 있음을 한눈에 알 수 있다.

그렇더라도 안국사 석불의 조성시기와 비슷한 때에

조정에서 이곳에 감무監務를, 즉 현감이나 현령이 배치되기 이전에 임시조처로 관리를 내려 보낸 것은 석불조성과 관련하여 모종의 움직임이 발생할 것을 우려한 감시의 일환이 아니었을까 하는 추측도 제기된다.

실제로 조정에서 감무 파견 조치를 내린 이후 이 지역에서는 이렇다할 사건도, 인물도 배출되지 않았다. 이런 정황은 고려시대 지역의 토착 세력이 조선시기 이후까지도 지속적으로 성장하지 못했음을 말해주는 것이기도 하다. 안국사와 관련된 기록이 점차 역사와 기록에서 사라지게 된 것 또한 이런 흐름과 무관하지 않을 것이다.

어쨌거나 정병삼 교수는 그의 논문에서 안국사지 석불입상의 조성시기를 고려 중기, 그러니까 11세기 경으로 추정하고 있다. 안국사 석불의 조성양식은 내포지역 불교문화의 특징을 대변하고 있다. 조성기법을 볼 때 고려 초기에 조성한 개태사 삼존석불의 기법이 관촉사 석불에서 정형을 이룬 후 대조사 석불과 미륵대원 석불, 삽교석불을 거치면서 간략화된 석주형(돌기둥형)으로 변화했는데, 바로 안국사의 삼존불이야말로 이 석주형 석불의 완성태로 볼 수 있다는 정 교수의 주장은 매우 흥미롭다.

정 교수의 지적처럼 안국사 삼존불은 석불형태 상으로 일정한 흐름 안에 속해 있으되 여타의 석불과는 다른 독특함이 있다. 즉 내포지역 불교신앙의 특성을 그대로 반영한 민중성과 순박함이 석불에서 풍겨 나온다. 이는 안국사를 창건하거나, 창건 이후 안국사를 이끌어간 세력이 다른 충청지역 미륵의 경우와는 차별된다는 의미이다. 관촉사의 미륵에서, 또 대조사와 미륵대원의 미륵에서 느낄 수 없는 푸근함, 그리고 민중적 동질의식이 안국사 미륵에서는 진하게 느껴지고 있는 것이다.

앞서도 언급했지만 안국사 미륵은 기둥 형태에 가까운 간략한 불신에 머리부분을 세밀하게 조각한 석주형 석불양식을 하고 있다. 얼굴은 전체적으로 방형에 가까운 원형인데, 가늘고 긴 눈에 양 눈썹이 호를 그리며 내려와 작고 납작한 코를 이루고 그 밑에 작고 앙증맞은 입을 새겼다. 귀는 매우 크게 만들어졌고, 백호를 새긴 이마

| 안국사 미륵불의 표정은 바라보기만 해도 마음을 안정시켜주는 특징이 있다. 가히 석주형 미륵의 결정판이라 할 만하다.

위로 관촉사 미륵에서 그 정형이 잘 드러난 원형 보관을 쓰고 있다. 보관에는 화불이 새겨져 있고, 보개는 전체의 비례에 비교해볼 때 지나치게 크다. 그렇지만 전체적인 석불의 분위기는 온화한 어미를 만나는 느낌이어서 당장이라도 달려들어 안기고 싶은 마음을 일으킨다.

석불의 두 손은 모두 엄지와 중지를 맞댄 중품중생의 수인으로, 아미타불의 중품중생인과 같은 모양이다. 주불의 높이는 5.8미터로, 고려시대 중기에 유행했던 거석불巨石佛 문화의 양식을 잇고 있다. 얼핏 보면 엉성한 듯하지만 볼수록 아름다운 조형미가 백미이다. 조각이 새겨져 있는 5층 석탑은 석불과 조성시기가 같거나 비슷할 것으로 추정된다.

석불 뒤쪽으로 누워 있는 '배 바위'는 이름 그대로 배의 형상을 하고 있다. 이 배 바위에 새겨진 매향비의 기록은 이 지역 민초들이 얼마나 애타게 미륵의 출현을 기다려왔는지를 보여준다. 알다시피 매향은 미륵이 하생하여 민초들에게 살맛나는 세상을 만들어주기를 바라는 염원을 상징한다.

민초들에 의해 조성된 것으로 보이는 안국사 석불과 배 바위 매향에 관한 갖가지 설화가 얽혀 있을 것은 불문가지不問可知의 일. 특히 배 바위 전설은 내포만의 지정학적 위치가 만들어낸 실감나는 구성을 가지고 있어 흥미롭다.

고려 초기 중국에서 큰 난리가 나자 바닷가에서 목공을 하던 가씨라는 사람이 난리를 피해 자기가 만든 배를 타고 동쪽으로 항해를 했는데, 큰 풍랑을 만나 배가 전복되고 겨우 부러진 돛대에 의지해 안국사가 위치하고 있는 정미면 수당리 앞바다 모래펄까지 밀려왔다. 마침 이를 발견한 어부 부부의 도움으로 구사일생 목숨을 건진 가씨는 은혜를 갚기 위해 어부 부부의 소원인 배를 한 척 만들어 주었다. 가씨가 만든 배의 성능이 워낙 뛰어나 입소문이 널리 돌았고 그에게 배를 만들어 달라는 주문이 밀려들었다. 가씨는 배를 만들어 번 돈으로 중국에서 굶주림에 고생했던 때를 생각하여 곡식을 사서는 수당리 안국산 바위 구멍에 차곡차곡 쌓았다. 어느날 가씨는 바다 멀리까지 나아가 고기잡이를 할 수 있는 큰 배를 만들어달라는 주문을 받았고 이를 위해 배 만드는 장소를 안국산 곡식 가마가 있는 곳까지 넓혔다. 밤낮 없이 배를 만들었는데, 도중에 천둥번개와 폭우가 쏟아졌고, 곡식을 저장한 바위구멍을 막고 있던 배마져 바위로 변해버렸다. 뒤이어 가씨도 그곳에서 숨을 거두고 말았다.

바로 이 바위가 안국사 석불 뒤에 있는 배 바위이다. 이 배 바위 아래 깔려 있는 곡식 가마는 우리나라 온 백성이 하루 동안 먹을 수 있는 정도로 많다고 한다.

| 서해안 고속도로 개통으로 안국사는 조금씩 일반인들과 가까워지고 있다. 이곳이 서민들의 안식처로 새롭게 부상할 날도 멀지 않은 듯하다.

먹을 것이 귀하던 시절, 배 바위를 둘러싸고 만들어진 전설은 차라리 안쓰럽다.

안국사에는 오늘날에도 이와 비슷한 전설이 내려오고 있다. 지금도 안국사에 가면 석불석탑 주변으로 수많은 장독이 꽉 들어차 있는데, 흔히 볼 수 있는 판매용과는 거리가 멀다. 지난 1993년 현재 안국사에 살고 있는 주승의 꿈에 부처님이 나타나 10년 후에 먹을 일이 있을 것이니 콩 3백 가마 분량의 장을 담그라는 계시를 받고, 장을 담그기 시작했다는 것이다. 부처님의 현몽이 맞아 떨어진 것인지, 비슷한 시기에 서해안 고속도로가 개통되면서 안국사를 찾는 불자와 시민의 발길이 부쩍 잦아지고 있으니 흥미로운 일이다. 이밖에도 배 바위에서 돌을 던져 미륵불의 갓 위에 얹혀놓으면 아들을 낳는다는 전설 등 민초들의 삶과 직접적인 관련이 있는 다양한 전설이 전해오고 있다.

안국사 미륵은, 정치적으로 혼란한 시기에 온 마을이 한마음이 되어 조성되었으면서도 정치적 배경이 아니라 순수하게 마을 민초들의 현실적 삶을 위해 만들어진 드문 마을미륵이니 구체적인 삶의 모습과 직접 연결된 전설이 많은 것은 당연한 일이다. 미륵부처님을 귀의처로 해 삶의 공동체, 신앙의 공동체를 형성하고자 했던, 아니 실제로 형성해왔던 당진의 민초들. 그 간절하고 순박한 바람은 오랜 세월이 지난 오늘날에도 푸근한 석불의 표정을 매개로 하여, 이전만큼은 아니지만 생명력 있게 전해지고 있다.

흥미롭게도 석불의 앞쪽 산에는 천하대장군과 지하여장군의 형상을 한 장승과 함께 남성과 여성의 성기를 그대로 닮은 천연 바위가 놓여 있다. 어찌나 그 모습이 사실적이고 실감나는지 얼굴이 붉어질 정도로 적나라하다. 이런 흔적들은 안국사 터가 불교를 중심으로 민간신앙까지 함께 어우러져 내려온 대동적大同的 해방구였음을 알게 하는 징표이다.

서해안고속도로 개통과 함께 당진 안국사 미륵은 일반인들에게 부쩍 가깝게 다가왔다. 오직 미륵과 이웃에 의지해 난관을 헤쳐가려 했던 이 지역 선조들의 염원은, 점점 살아가기 어려운 오늘의 서민들에게도 충분히 큰 공감으로 다가온다.

안국사의 미륵은 경제적 불황과 정치적 혼란, 가치관의 부재 등으로 지친 현대인들에게 희망의 귀의처로 충분히 기능할 여건을 하나 둘 갖춰가고 있다. 늘어가는 장독의 수는, 어쩌면 안국사 미륵은 많은 민초들이 당신에게로 달려와 고뇌와 애환을 털어놓기를 기다리고 있다는 표징일지도 모른다.

오늘을 사는 민초들이 안국사로 밀려드는 바로 그날, 수백 년 멈추어 섰던 배 바위가 다시 꿈틀거리며 항해를 시작할지도, 수백 개의 장독이 일제히 제 뚜껑을 열어젖힌 채 환희의 춤사위를 나빌지도 모를 일이다.

| 제주의 미륵은 육지에서 배를 타고 온 것이 아니다. 남해안 땅끝마을 부근에 살던 바닷가 미륵이 인근 바다로 하나 둘씩 뛰어들어 바다 밑을 성큼성큼 걸어서 제주 북쪽 해안까지 와서는 현몽 등의 기이한 과정을 통해, 어부의 그물이나 낚시 바늘을 통해, 민초 곁으로 다가오는 과정을 보여준다.

바다 밑을
걸어서 온 미륵

제주 동자복·서자복 미륵

지금은 우리나라의 대표적인 관광지가 됐지만 제주도는 오랜 세월 동안 숱한 풍상과 고초를 겪어왔다. 고려시대 삼별초의 대몽 항쟁까지 거론하지 않더라도, 역사적으로 이곳은 유배지였으며, 일제 강점기에는 일본군의 공군기지로 사용되었다. 영화 〈이재수의 난〉에서 그려진 것처럼 천주교의 교세 확장 과정에서 촉발된 반 외세운동 성격의 민란이나, 한국전쟁을 전후해 발생한 4.3사건 같이 섬 전체를 피눈물로 물들인 역사를 가지고 있기도 하다.

1918년에는 제주도 법정사 스님들의 항일봉기 사건이 일어났고, 4.3사건과 관련하여 한라산 관음사가 전소된 것을 보면 이 지역 불교의 역사 또한 그리 순탄치 않았음을 짐작할 수 있다.

|제주의 미륵은 제주 북쪽 해안가를 중심으로 분포돼 있다.|

태평양 전쟁 당시 일본군이 공군기지로 사용했던 장소는 지금의 제주 공항 자리이다. 게다가 4.3사건 당시 한림과 애월에 사는 주민들을 끌어다가 구덩이를 파게 하고 기관총으로 학살해 매장한 장소 또한 제주 공항 터이니 제주 공항이야말로 슬픈 한이 한껏 서린 곳이다. 어쩌면 오늘날 비행기가 쉴 새 없이 뜨고 내리는 아스팔트 밑에는 억울하게 죽어간 유무주有無住의 고혼들이 아직도 신음하고 있을지 모를 일이다.

제주도에 불교가 전해진 시기를 정확하게 파악할 수 있는 사료는 없다. 다만 존자암尊者庵 입구에서 오래된 부도가 확인되었고, 천 년 묵은 목탑 터로 추정되는 유적이 발견된 것으로 보아 제주도에 상당히 이른 시기에 불교가 전해졌을 것으로 추정된다. 해양을 통해 불교가 직접 유입됐다는 설도 일각에서 제기되고 있으나 아직은 육지에서 전래된 것으로 보는 시각이 우세하다.

제주도는 섬 특유의 토속신앙이 굳건하게 자리한 곳이다. 따라서 상대적으로 불교가 토속신앙과 대등하게 병존하는 양태를 보이고 있다. 제주의 토속신앙은 주로 당집을 중심으로 이어오고 있는데, "절에 가듯 당에 가고, 당에 가듯이 절에 간다."는 말이 있을 정도로 토속신앙과 불교가 밀접하게 관련되어 있다.

제주에서 미륵신앙이 시작되는 과정도 매우 흥미롭다. 제주 미륵의 연기 설화는 거의 대부분 미륵이 바다에서 건져져 뭍으로 올라오는 것으로 되어 있다. 미륵이 그물에 걸려 올라오고 이를 보고 놀란 민초들이 그것을 정성껏 봉양하며 의지처로 삼는 과정은 섬이라는 공간의 영향을 지극히 받은 결과이며, 갓 잡아 올린 바다 생선처럼 싱싱한 이야기로 엮어 있다.

이는 제주의 미륵이 육지의 하체매몰 형상을 한 통상의 미륵상과는 다른 형식으로 시작됐음을 말해준다. 그러니까 제주의 미륵은 육지에서 배를 타고 온 것이 아니라 아마도 남해안 땅끝마을 부근에 살던 바닷가 미륵이 인근 바다로 하나 둘씩 뛰어들어, 바다 밑을 성큼성큼 걸어서 제주 북쪽 해안까지 와서는, 현몽 등의 기이한 과정을 거쳐서, 어부의 그물이나 낚시 바늘을 통해 민초 곁으로 다가오는 과정을 보여준다.

비록 모든 것을 미륵이라고 명명하지는 않았다 하더라도 바다에서 건진 상서로운 돌덩이들은 제주의 숱한 당집에서 미륵에 준하는 대접을 받고

| 제주 불교는 토속신앙인 당집과 함께 제주사람들의 의지처가 되어왔다. |

있다. 이 상서로운 돌덩이들은 절로만 간 것이 아니라, 인연 따라 마을 당집이나 마을 한복판에 자리해 민초들과 함께 호흡하며 살아온 것이다.

당집이나 절 미륵의 연기설화 가운데 궁예와 연관된 이야기도 채집되고 있고, 은진미륵과 관련된 설화도 나타나고 있는 것을 보면 제주의 미륵신앙이 육지에서 들어와 이곳에서 정착되었음을 짐작할 수 있다.

화창한 날을 택해 나는 제주의 미륵을 찾아 나섰다. 제주를 찾을 때마다 그 이국적인 분위기에 설레고는 했는데, 그날따라 봄의 절정을 알리는 철쭉과 유채꽃, 막 흐드러지게 피어오른 벚꽃 등의 무리가 파스텔 톤의 숲과 어울려 더욱 환상적인 광경을

| 제주미륵의 대표 격인 서자복미륵. 그 옆에 사찰이 들어서 스님의 관리를 받고 있어 그나마 다행이다. |

자아내고 있었다. 꽃을 감상하러 나온 연인과 신혼부부, 그리고 단란한 가족과 주인을 따라 나온 애완견까지 제주의 봄에 취해 어느새 두 볼이 발갛게 달아올랐다.

민속학자 주강현 선생은 마을미륵을 찾아 나서는 일은 바로 인도 땅을 떠난 미륵이 조선이라는 나라에서 새롭게 태어난 사연을 밝히는 일, 곧 미륵의 본디 이름을 되찾아주는 일이라고 정의한 바 있다. 즉 장차 미륵이 이 땅에 오리라는 것 當來下生을 발원했던 민중의 꿈이, 미륵을 마을로 받아들이는 과정으로 표출되는 인과를 밝혀내는 일이라는 의미일 터이다. 이렇게까지 거창한 의미를 부여하지 않더라도 미륵의 위치를 묻는 것 자체가 제주 지역 마을미륵을 중생의 곁으로 더 가까이 가게 하는 부수적 효과를 가져다줄 것이니 나그네의 발걸음은 즐겁기만 했다.

제주 미륵은 대체로 처음에는 단순히 한 가정의 수호신이었다가, 차츰 이웃들도 함께 모시는 신이 되었고, 나아가 마을 전체의 의지처가 되는 수순을 밟았다. 따라서 제주의 미륵신앙은 마을미륵의 전형적인 형태라고 해도 틀리지 않다. 제주 신당神堂의 역사 또한 마을 신앙의 역사와 그대로 일치한다. 따라서 제주 신당의 의미를 모르면 제주 미륵을 알 수 없다. 신당이 있어 비로소 미륵의 역사가 시작됐다고 해도 과언이 아니기 때문이다. 제주에 '당 오백 절 오백'이라는 말이 생긴 것은 신당과 미륵당의 기능이 혼재했거나 사실상 구분이 어려울 정도였음을 알려준다.

　제주 미륵은 섬 북쪽, 그러니까 신혼부부가 곧잘 배경으로 두고 사진을 찍는 용머리가 있는 곳을 중심으로 해안을 따라서 분포해 있다. 남도의 미륵이 바다를 건너 제주 북쪽 해안으로 건너온 것이니 이런 분포는 당연한 결과이리라.

　제주의 미륵순례는 제주도 민속자료 제1호로 지정된 용담동의 서자복 미륵과 건입동의 동자복 미륵을 찾아 나서는 것으로 시작해야 한다. 동광양 미륵당, 화북 일렛당 미륵, 신촌리 미륵, 김녕 미륵당 등 수없이 많은 미륵이 있지만 제주에서 일정을 잡기란 그리 쉬운 일만은 아니므로, 보다 중요하다고 여겨지는 미륵 2기를 본 후 서물당이라는 대표적인 당집 1개소를 더 찾는 정도의 단출한 계획을 세웠다. 그렇지만 초행길인 데다가 미륵의 소재를 아는 이가 거의 없어 시간에 쫓기기는 마찬가지였다.

　북쪽 해안의 동자복 미륵과 서자복 미륵은 일정한 거리를 두고 자리해 있다. 이 두 미륵은 그 조형성이나 담긴 의미가 심장하여 단연 제주 미륵의 대표로 꼽힌다. 옛 제주읍성의 동문과 서문 밖에 각각 조성된 이 미륵들은 서로 마주보는 형국으로 세워져 있다. 물끄러미 해안을 바라보는 두 미륵의 눈매에는 왠지 처연함이 가득했다. 읍성 문 밖에 세운 것으로 보아 마을의 안녕을 기원한 것으로 볼 수 있는데, 이는 서산 해미읍성의 동서남북에 조성된 마을미륵을 연상시킨다.

　양식으로 보아 두 자복 미륵의 제작연대는 고려시대로 추정된다. 이들은 달걀형의 온화한 얼굴에 벙거지 형 모자를 둘러써 돌하루방과 흡사한 생김새를 하고 있다. 재질은 제주 특유의 다공질 현무암인데, 높이가 각각 2.73미터와 3.34미터에 이르러 제법 우람하게 느껴진다. 두 미륵 모두

| 제주미륵의 모습은 얼핏 제주특산품이자 상징인 돌하루방을 많이 닮았다. |

| 바다에서 모든 것을 얻으며 살아가는 제주의 민초들에게 마을미륵은 육지에 모셔놓은 용왕님이기도 했다. |

| 함덕리 서물당미륵이 있는 곳. 비록 보이지 않지만, 마을사람들에게 물으니 담장 아래 파묻혀 있노라고 일러주었다. |

기자신앙祈子信仰, 득남을 바라는 민간신앙의 흔적이 유력하고, 용왕신앙과 복합되어 해상어업을 생업으로 하는 민초들에게 풍어와 출어 가족의 무사귀환을 비는 의지처의 역할을 하고 있다.

서자복 미륵은 사찰 안에 모셔져 있어 그런 대로 부처의 대접을 받고 있으나 이와는 대조적으로 동자복 미륵은 마을 안 어느 가정집의 장독대 옆 4-5평의 좁은 공간에 서 있어 마을 사람들에게조차 점차 생소해지고 있다. 그러나 마을 사람들의 꿈에 자주 현몽을 하고, 기도를 하면 아들을 얻는 등 그 영험이 대단하여 치성을 드리는 발길은 꾸준히 이어지고 있다고 한다.

서자복 미륵 옆에는 작은 동자 미륵이 있는데 그 모양이 남근을 닮아 이 미륵이 아들 낳기를 치성 드리는 기자신앙의 대상이었음을 보여주고 있다. 서자복 미륵은 현재 용화사라는 절의 경내에 모셔져 있어 마을미륵과 사찰미륵의 기능을 겸하고 있다.

두 미륵을 살펴보고, 서둘러 당집으로 향해 발길을 옮겼다. 신당이 몰려 있는 함덕리의 서물당은 이곳에서 그리 멀지 않은 곳이다. 함덕리의 전형적인 바닷가 마을의 밭뙈기 곳곳의 자그마한 오름에는 당집이 산재해 있다. 미륵을 모신 서물당을 찾는 게 초행길인 나그네에게는 쉬운 일이 아니었다. 나는 마을 사람들에게 여러 차례 묻고 또 물어서야 가까스로 서물당을 찾아냈다.

갈라진 담장 틈 사이로 들어서니 전돌 모양의 현무암 돌 조각을 가지런히 쌓아놓은 것이 있는데, 이곳이 바로 서물당 미륵이 모셔진 곳이란다. 그러나 아무리 살펴도 낚시로 바다에서 건져 올렸다는 미륵은 보이지 않았다. 다시 마을 사람에게 물으니, 미륵은 돌 밑 깊숙한 곳에 묻혔단다. 그렇지만 돌을 들춰내는 것은 불경한 일일 것이므로 자세히 살펴보는 것으로 대신할 수밖에 없었다. 주강현의 《마을로 간 미륵》에 채집된 돌미륵을 건져 올릴 당시 김 첨지가 꾸었다는 꿈 이야기는 서물당 미륵의 성격을 잘 보여준다.

나는 용왕국의 고명딸인데, 인간 자손을 보살피기 위해 이 세상에 솟았다. 팽나무 아래로 모셔 서물날(음력 11월 26일)에 나를 위하라. 그러면 내가 잠수 일을 지켜서 도와주고 가는 배, 오는 배를 돌보아서 낚시질을 도와줄 것이다.

당집에 모셔진 성스러운 돌덩이는 미륵보다는 차라리 장승이나 솟대와 같은 기능을 한다고 해야 더 적확할 것이다. 그러나 이곳의 민초들이 바다에서 건진 돌을 당집에 모시고 미륵이라 부르며 정성껏 치성을 드리고 있으니 그렇게 부르는 것이 자연스러워 보인다.

앞서 언급한 바 있지만 제주 당집의 역사는 매우 처절하다. 서세동점 西勢東漸의 제국주의 물결을 타고 제주까지 몰려든 천주교가 훑고 지나간 상처 위에 일제의 압박이

담장 아래든, 장독대 옆이든 제주 미륵들은 장소를 가리지 않는다. 그래서 제주미륵은 진정한 마을미륵이다.

| 제주에서 미륵의 흔적을 찾는 것은 쉬운 일이 아니다. 국제관광도시 제주에 우리 문화, 우리의 것을 찾아 선양하는 움직임이 일어났으면 좋겠다. |

지나가고, 다시 4.3의 피바람이 몰아치는 세월을 버텨온 민초들이 마지막으로 의지했던 유일한 버팀목이 바로 마을미륵을 모신 당집이었다. 그러고 보면 제주의 마을 미륵처럼 민초들의 눈물어린 하소연을 들으며 살아온 미륵도 그리 많지 않다.

세 곳의 미륵을 돌아보았을 뿐인데도 벌써 해가 서쪽으로 뉘엿뉘엿 자취를 감추고 있었다. 석양에 비친 제주 미륵의 형상은 물질 나간 아들을 기다리는 할망의 모습을 그대로 닮았다. 아마도 남편과 아들을 저 바다에 묻었을 여인네의 한이 고스란히 배어 있는 탓이리라.

날이 어슴푸레 저물어가자 제주 도심은 벚꽃놀이를 즐기려는 인파로 더욱 북적거렸다. 때마침 제주시가 주최하는 '왕벚꽃 축제'가 열리고 있어 도심은 온통 들뜬 분위기였다. 해안가에 버티고 서서 옛 민초들의 한을 여실히 머금고 있는 돌미륵과는 아주 대조적이었다. 그렇더라도 어쩔 것인가? 세상 돌아가는 양태가 그러하고, 민초들의 마음 또한 갈대와 같은 것을! 그렇다 한들 저 돌미륵은, 평소엔 그들을 외면하다가 어려움이 생기면 부랴부랴 찾아오는 민초들이라고 해도 그 푸근한 품으로 흔쾌히 받아들일 것이니 염려할 바는 아닐 터이다.

귀경을 위해 제주 공항 대기실에 앉았다. 텔레비전에서는 왕 벚꽃 축제에 초대된 한물 간 트로트 가수의 열창이 한창이었다. 문득 제주 미륵의 자애로운 모습이 다시 떠올랐다. 그 모습이, 저 대중 가수의 열창처럼 울부짖는 민초들의 비원들이라도 언제나 넉넉한 미소로 들어줄 것 같은 어미의 그것임을 거듭 확인하고 나니, 어느새 서운한 마음이 차분히 가라앉았다.

| 서울에서 인접한 거리에 있는 안성고을 곳곳에 자리한 미륵들은 오늘날까지도 까마득한 옛날 조상과 함께 호흡하며, 웃고 통곡했던 시절들을 고스란히 간직하고 있다. 안성은 '마을미륵신앙의 메카'로 지칭해도 좋을 만큼 미륵의 특성을 고루 갖추고 있는 곳이다.

궁예, 임꺽정, 장길산의
꿈이 어린 메카
안성의 미륵

　　　　　　　　　　　미륵을 친견할 때면 약간 상기된 느낌을 받게 마련이다. 그것은 부처님 앞에 선 엄숙함에서 비롯된 감정만은 아니다. 오랜 지기를 만난 듯한 편안함과 그 한편에서 흘러나오는 애틋함이 만들어낸 불안정한 감정의 요동이라고나 할까. 아니면 각기 다른 감성들이 얼기설기 뒤섞이면서 시나브로 울림이 커지는 그런 야릇한 긴장 같은 것이라고 할까.
　미륵 앞에 서서 이런 감정을 가질 수 있다면 미륵을 제대로 느끼는 것이라고 해도 틀리지 않다. 하나 더, 그 푸근하고도 서민적인 상호에서 새 세상을 꿈꾸다 좌절되곤 했던 민초들의 한限까지 읽어낼 수 있다면 미륵에 관한 한 이미 전문가 수준에 도달했다고 해도 좋으리라.

| 농가가 아파트로 바뀌었지만 민초들을 위한 미륵부처님의 원력은 변함이 없다. 할아버지 할머니 부부 미륵의 모습이 정겹다. |

시인 고은高銀은 한 논문에서 미륵신앙의 원천을 "기원전 석가 불교 이후 대승불교가 상투적으로 변질되어 가는 과정에서 새로운 불교를 목표로 하여 일어난 일대 종교운동"으로 추정한 바 있다. 원시 공산사회에서 노예제 사회로의 이행 과정에서 발생했던 가혹한 수탈 때문에 좌절과 실의에 빠진 민중들의 비원이 미륵불교라는 새로운 사상을 배태하게 됐을 것이라는 주장이다. 이는 미륵을 보면서 느껴지는 작은 흥분의 원천을 제대로 파악한 주장이라고 할 수 있다.

서울에서 인접한 거리에 있는 안성고을 곳곳에 자리한 미륵들은 오늘날까지도 까마득한 옛날 조상과 함께 호흡하며, 웃고 통곡했던 시절들을 고스란히 간직하고 있다. 안성은 '마을미륵신앙의 메카'로 지칭해도 좋을 만큼 미륵의 특성을 고루 갖추고 있는 곳이다.

몇 번이고 혁명을 일으켰다가 처참하게 좌절됐던 비운의 땅이라는 점은 물론이려니와, 임꺽정이라든가, 장길산, 또 미륵을 자칭했던 궁예의 흔적이 여기저기 남아 있으니, 어찌 이곳을 미륵의 고을이라 하지 않을 수 있겠는가?

그러나 정작 안성의 미륵에 대해 제대로 아는 이는 많지 않다. 그저 불교보다는 가톨릭 세력이 강한 지역이고, '안성맞춤'이라고 해서 유기와 가죽신이 유명한 곳이라는 정도가 보통의 사람들이 알고 있는 안성에 대한 상식이다. 안성이 우리나라에서 가장 손꼽히는 민중미륵신앙의 본향이라는 사실을 스쳐가는 말로라도 들어본 이가 거의 없는 것이다.

으레 '서울에서 한 시간 남짓한 거리의 경기도 땅에 뭐 그리 대단한 문화유적이 있을까?'라는 생각을 갖기 십상이다. 그러나 이곳이야말로 민초들과 고락을 함께해 온 대표적인 미륵성지인 것이니, 등잔 밑이 어둡다는 말은 바로 이 경우를 두고 하는 말일 것이다.

안성 땅 구석구석을 살펴보면 민초들의 애환을 지켜보며 함께 울고 웃는 미륵의 숨결이 실감나게 남아 있음을 발견할 수 있다. 안성의 미륵들은 일정한 원칙 없이 군데군데 아무렇게나 서 있다. 제법 깊은 골짜기 기슭도 좋고, 산봉우리도 좋고, 농지 한가운데도 좋고, 서민들이 모여 사는 25평 이하 주공 아파트 뒤편의 밭떼기라도 좋

| 죽주산성을 뒤로 하고 서 있는 매산리 미륵당의 태평미륵. |

| 태평미륵은 여느 미륵과는 다르게 푸근한 기운보다는 매서운 기운이 진하다. |

다. 그들은 어디에서건 민초들의 한을 온전히 머금은 채 들꽃무지에 둘러싸여 그렇게 천 년을 이어가고 있는 것이다.

안성을 찾은 날은 마침 밤새 내린 장대비가 그친 후여서 구름 한 점 없이 해맑았다. 태양이 뿜어낸 직사광선으로 초봄의 안성고을은 한여름처럼 뜨겁게 달궈졌다. 마치 미륵부처님들이 신통력을 내어 태양을 작열시킴으로써 나그네로 하여금 오랜 역사 속에서 안성의 민초들이 겪었을 지난한 고통을 조금이나마 느껴보게 하려는 듯.

안성은 경기도와 충청도의 접경 지역으로 예로부터 교통의 요지이다. 오늘에도 좌우로 경부고속도로와 중부고속도로가, 위로는 영동고속도로가 나 있어 마찬가지의 역할을 하고 있다. 안성 읍내를 정점으로 덕성산과 서운산, 칠현산을 만들어낸 차령의 산줄기가 힘차게 내리뻗고, 그 줄기가 잦아든 곳에 어느새 곡창의 평야가 펼쳐지는 기름진 곳이다. 덕분에 오래 전부터 이곳은 고구려와 백제, 신라의 각축장이고, 자연스럽게 정치적·문화적 접경이 되었다.

안성은 단일 지역으로는 미륵이 제일 많은 고을로 손꼽힌다. 이곳의 미륵은 저마다 그럴듯한 이름을 갖고 있는데, 태평 미륵, 기솔리 쌍미륵, 대농리 미륵, 아양동 미륵 등이 그 예이다.

거대한 역사적 배경과 애환을 간직한 미륵들도 마을미륵들과 함께 어우러져 살고 있다. 고구려 재건을 꿈꾸며 스스

| 지금은 치성드리는 이들도 사라진 대농리 마을미륵이지만 이따금씩 그늘에서 휴식을 취하는 민초들과 자리를 함께 하곤 한다. |

로를 미륵이라고 칭한 궁예의 한을 간직하고 있는 국사봉의 궁예미륵, 일곱 도둑이 개과천선을 하여 성인이 되었다는 전설을 지닌 칠현산 칠장사七長寺의 미륵, 아직도 남사당패의 잔영이 남아 있는 청룡사靑龍寺의 미륵과 그 옆 불당골佛堂谷 등이 그것이다.

| 수인 아래 새겨진 꽃문양이 범상치 않다. 돌에 새긴 조각치고는 매우 정교한 편이다. |

안성의 미륵들은 대부분 하체가 땅 속에 묻힌 하체매몰양식을 하고 있다. 하체매몰양식은 미륵이 막 세상으로 몸을 나타내는 것을 생동감 있게 표현한 기법이다. 즉 미륵하생을 염원하는 간절한 마음을 상징적으로 표현한 것이다.

안성은 권력자의 농간에 속아서였든 아니면 민초들만의 순수한 원력이 결집되어서였든 민중봉기가 세 번씩이나 일어난 곳이다. 봉기를 이끌어 낸 원천 중에는 미륵사상의 혁명성과 역동성, 그리고 민중성이 포함돼 있다.

미륵의 나라를 건설하려 했던 궁예의 꿈, 남사당패에 섞여 떠돌다가 청룡사 운부雲浮대사의 영향을 받아 새 세상을 건설에 나섰던 장길산, 칠장사의 갖바치 출신 도인의 지도로 신분계급의 굴레를 뛰어넘어 의기義氣를 한껏 분출했던 임꺽정에 이르기까지 안성 땅을 무대로 펼쳐진 역사는 파란만장함 그 자체였다.

이 비원의 역사를 더듬어 안성을 답사했던 벽초 홍명희와 황석영과 같은 대문장들은 그 명성에 걸맞게 이 고을의 상서로운 기운을 놓치지 않고《임꺽정》과《장길산》이라는 대하소설로 남기기도 했다.

몽고 침입의 상흔이 어린 죽주산성을 뒤로하고 일체중생이 어우러져 함께 잘사는 세상을 앞당기려는 듯 서 있는 매산리 미륵당의 태평 미륵을 찾아 동리 입구로 들어섰다. 석탑과 당간지주만이 덜렁 남은 봉업사奉業寺 절터 뒤쪽 산자락에 서서 광활한 농지를 마치 허수아비처럼 바라보고 있는 잘생긴 석불입상 1기가 망부석처럼 시야에 들어왔다.

금산사, 법주사와 함께 3대 법상종 사찰로 손꼽혔던 대찰이나 숱한 화재로 인해 주불인 미륵불을 찾지 못하고 있는 칠장사, 칠현산과 마주보는 산줄기에 위치한 국사신앙國師信仰 터 기솔리 쌍미륵, 그 옆 국사봉의 궁예미륵과 아양동 아파트 단지 뒤에 나란히 서 있는 할머니·할아버지 미륵, 달관한 노인처럼 푸근한 인상을 한 대농리 미륵, 남사당패의 본거지로 소설 《장길산》의 모태가 된 청룡사靑龍寺 불당골에 이르기까지 고을 어느 한 구석도 미륵의 염원이 어리지 않은 곳이 없다.

국사봉 산마루에 서 있는 궁예미륵. 왕의 위엄을 나타내는 듯 협시불을 거느린 채 당당하게 서 있다.

그러나 요즈음 안성고을에 있는 미륵들의 심기는 그리 편하지 않다. 미륵상의 얼굴 표정 한 구석에 쓸쓸함이 깃들여 있는 듯 보인다. 이는 아마도 오늘날 안성에 살고 있는 민중들과 함께 호흡하고 있지 못하기 때문일 것이다. 선조의 치열했던 꿈을 아는지 모르는지, 오늘날 안성의 민초들에게 미륵은 무관심한 대상이 되어 버렸다. 그저 보호 철책과 주위의 논밭에 빼곡히 돋아 있는 이름 모를 들꽃과 질경이만이 외호대중外護大衆이 되어 둘러싸고 있을 뿐, 미륵은 외톨이가 되어 안성의 산산 골골과 너른 들녘을 쓸쓸히 지키고 있다.

해질녘 서편 노을을 물끄러미 바라보는 안성의 미륵들은 날로 나약해지는 민초들의 성정을 아쉬워하며 오늘도 저 옛날 새 세상 건설에 떨쳐 일어났던 미완의 함성들을 애타게 그리워하고 있다.

질곡의 역사를 이어온 미륵의 성지, 안성을 당대의 문호들이 그냥 지나칠 수 없었던 건 차라리 자연스러운 일이다. 앞서도 언급했거니와, 홍명희는 《임꺽정》, 황석영

| 표면은 거칠지만 자세히 들여다보면 비교적 세밀하게 표정과 수인, 주름 등이 표현돼 있다. |

은 《장길산》이라는 대하소설을 통해 안성을 당시 민초들의 한과 애환이 어려 있는 고을로 그려내고 있다. 뿐만이 아니라 연암 박지원 역시 '허생'이라는 가난한 선비를 등장시켜 안성장의 유통을 마비시킨 후 삼남 이남의 과실을 독과점해 남긴 이문으로 가난한 백성을 도왔다는 통쾌한 내용의 소설 《허생전》으로 안성고을을 흥미롭게 그려내고 있으니, 이러한 작품들이 탄생한 것도 이 고을 민초들의 성정이 다른 곳과는 사뭇 달랐기 때문이리라.

　소설이란 허구, 즉 꾸며 만든 이야기라는 전제를 갖지만 《임꺽정》이나 《장길산》에서 그려지고 있는 안성의 정경은 단순히 픽션이라고만 할 수 없을 정도로 사실성을 가지고 있다. 실화소설이나 역사소설은 아니더라도 홍명희와 황석영은 우리 문학을 대표하는 문장답게 소설에 등장한 지명이나 방언, 그리고 각종 소재를 놀라울 만큼 철저히 고증, 답사하고, 완벽한 취재를 통해 그려냈다. 이런 연유로 안성의 미륵을 순례하는 것은, 곧 미륵 혁명의 성소이자 한국 대표소설의 고향을 답사하는 두 가지의 효과를 갖는다.

　중부고속도로 일죽 인터체인지를 통해 안성으로 빠져 들어가면 제일 먼저 죽주산성 아랫마을에 우뚝 선 미륵당 태평미륵을 만난다. 이 미륵은 키가 3.9미터나 되는 중부 지역 최대의 훤칠한 석불입상이지만 평범하고 친근감 있는 살진 얼굴이 이름처럼 태평하다. 어서어서 강림하시어 이 풍진 세상이 용화세계가 되기를 염원하는 민초들의 발원을 담아 막 땅 속에서 오르는 하체매몰양식을 하고 있다.

　미륵당에서 38번 국도를 타고 안성 방면으로 잠깐 달리다 보면 길 옆에 자리한 봉업사 터가 펼쳐진다. 비봉산 자락이 막 잦아진 곳에 위치한 봉업사는 고려 태조 왕건의 진영을 모셨던 진전사원眞殿寺院이었다. 거대한 당간지주와 위풍당당하게 서 있

| 국사봉 아래에 위치한 기솔리 쌍미륵. 고려 거석미륵의 전형처럼 크기와 투박함이 잘 드러나 있다. |

는 5층 석탑은 이 절의 옛 영화를 한 조각이나마 간직하고 있다. 지금은 온갖 새들의 놀이터가 돼 버렸지만 들꽃 흐드러지게 피어 있는 절 주변과 인근 들판 여기저기에 산재해 있는 탑상들은 여전히 농부의 이웃이 되어 함께 호흡을 나누고 있다. 어쩌면 안성 땅에는 썩 어울리지 않았을 왕실 대찰 봉업사가 머쓱함을 이기지 못해 스스로 자취를 산산이 쪼개고 나누어 민중 속으로 파고들어간 것일지도 모른다.

보개면과 삼죽면에 걸쳐 있는 신령스러운 산 국사봉國師峰에서는 쌍미륵과 궁예미륵이 기솔리마을을 호령하듯 내려다보고 있다. 산마루의 궁예미륵은 궁예의 기상을 나타내는 듯 당당한 표정과 정교한 조각으로 조성됐고, 좌우에 보처를 거느리고 있다. 국사라는 봉우리 이름에 걸맞는 덤덤한 표정 한쪽으로 좌절의 슬픔이 어른거린다. 봉우리 아래 미륵사 경내에 서 있는 쌍미륵 2기는 높이 5미터에, 전형적인 고려 지방양식의 거친 외양을 하고 있다. 거친 표면이며 양식은, 서민에게 미륵의 보관과 옷을 입혔다는 표현이 어울릴 만큼 소박하다.

읍내 주공 아파트 뒤켠에 있는 아양동의 미륵 2기는 마을미륵의 역할을 잘 설명해 주는 부부 미륵이다. 할머니와 할아버지 미륵으로 불리는 이들은 비록 마을 주민조차 큰 관심을 보이지 않고 있지만, 제법 다양한 영험 이야기를 간직하고 있고, 오늘날에도 몇몇 토박이들의 치성을 받는 등 드물게 '살아 있는 귀의처'로 남아 있다.

안성에서 용인 쪽으로 달리다가 야트막한 산자락 아래 소나무 숲 옆에 이르면 대농리 미륵이 호젓하게 서 있다. 풍만한 얼굴에 덕스러운 상호가 마을에 안녕을 가져다주는 수호신으로 제격이다. 그러나 미륵 바로 위로 고압선이 흉물스럽게 가로지르고 있어 눈살을 찌푸리게 했다. 마침 지나는 동네 아낙에게 물으니 몇 년 새 이 미륵에 치성을 드리는 사람은 보지 못했단다.

여기서 다시 임꺽정의 이야기로 넘어가자. 조선의 대표적인 의적 임꺽정의 스승 갖바치가 은거하며 의기를 돋웠던 칠장사가 위치한 곳은 깊고 깊은 산골로, 황해도와 경기도 일대에서 활약했던 임꺽정이 스승을 만나 가르침을 받기 위해 자주 모습을 드러냈던 죽산면 칠현산 기슭이다. 이곳에서 살던 백정 출신의 도인 갖바치는 병해대사로 불리며 살아 있는 부처로 추앙을 받던 고승이다. 그는 주민들에게 가죽신 깁는 법을 가르쳐 마침내 가죽신이 유기와 함께 안성의 특산물로 자리 잡게 한 당사자이기도 하다.

전하는 이야기에 따르면 꺽정은 스승 병해대사가 입적하자 몹시 슬퍼하다가 스승

| 좌절을 딛고 새로운 출발을 원하는 이가 있거든 안성으로 달려가 볼 일이다. 그곳 미륵을 돌아보며 마음을 다잡는다면 필시 밝은 미래가 보일 것이다. |

을 위해 목불을 조성했다. 일명 '꺽정불'로 불리는 이 목불은 6.25 전란 때 소실되었다고도 하고 어딘가에 남아 있다고도 하는데, 신출귀몰했던 임꺽정을 빼어 닮았다는 이야기가 전해온다.

    칠장사는 신분의 제약을 뛰어넘어 새로운 세상 즉 미륵세상을 꿈꾸었던 갖바치와 임꺽정, 그리고 탐관오리의 간담을 서늘하게 했던 어사 박문수 등의 이야기가 간직된 미완성의 미륵성지이다. 잃어버린 옛 미륵불상은 아직까지 그 자취를 드러내지 않고 있지만 그 미륵불이 모습을 나투는 날 금산사, 법주사와 함께 3대 법상종 사찰이었던 칠장사는 옛 사격을 회복할 수 있으리라.

안성에는 역시 세상을 바꾸려다가 좌절을 맛본 민초들의 비원이 어린 또 하나의 성지가 있으니 바로 서운산 청룡사이다. 이곳은 소설 《장길산》에 나오는 광대들의 본거지다. 《장길산》에서 안성 땅을 지나다가 한바탕 신명나게 어우러졌던 그 남사당패는 바로 이곳 청룡사를 근거로 활약했다. 즉 그들이 고단한 삶의 애환을 녹여내며 쉼터로 삼았던 곳이 바로 서운산 청룡사 부처님의 품안이었던 것이다.

광대 패에 섞여 저자거리를 떠돌던 길산은 이곳 청룡사에 사는 운부대사의 영향을 받아 새 세상을 꿈꾸기 시작했다. 운부대사는 길산에게 미륵의 세상은 마냥 기다리는 것이 아니라 민초들이 함께 힘을 모아 만들어가는 것임을 가르쳐 주었다.

청룡사 옆에는 지금도 남사당패가 모여 사는 작은 마을이 남아 있다. 계곡을 끼고 들어앉은 마을인데, 안성 남사당패를 이끌던 팔사당 집 가운데 여장부 바우덕이가 살던 불당마을은 청룡사에서 500미터쯤 올라간 곳에 위치해 있다. 지금도 그 후손들이 몇 가구 남아 살고 있다고 한다. 특히 안성 청룡사 남사당패는 그 우두머리 격인 꼭두쇠에 여자인 바우덕이를 앉히는 대변혁을 감행했다. 당시로서는 상상하기 어려운 이런변화는 유달리 혁명에 민감했던 이곳 민초들의 성정을 그대로 반영한 것이리라.

새로운 출발을 꿈꾸는 이들이라면 하루라도 시간을 내어 안성 땅으로 달려가보라. 삶에 지친 이들이 있다면 그곳에 산재한 미륵을 질끈 끌어안고 새로운 삶의 희망을 가져보길 권한다. 나아가 궁예와 꺽정, 길산 등 미완의 미륵들이 이루려 했던 한 서린 메시지를 온몸으로 받아들여 자신과 함께 민족의 미래까지도 설계할 수 있다면 더 바랄 것이 없겠고.

| 삼척의 미륵들은, 한 마디로 마땅히 의지할 데가 없던 민초들이 스스로 만든 귀의처라고 할 수 있다. 그들의 고통을 덜어주는 이, 하소연을 들어주는 이 없던 시대에 민초들이 자발적으로 신령스러운 바윗돌을 골라 정으로 두드리고 다듬어 조성했을 것이기 때문이다. |

님은
언제 오시려나
삼척 바닷가의 미륵

　　　　　　　　동해 바닷가에 인접한 삼척에는 세 기의 미륵이 옹기종기 모여 살고 있다. 세 미륵의 모습은 일견 수문장처럼 보이기도 하는데, 바다 쪽을 향해 두 눈을 부라리고 있는 그 표정에는 긴장과 불안 그리고 일종의 의무감 같은 것이 짙게 드리워져 있다.
　바닷가 미륵이 모여 살고 있는 삼척은 그 이름에서부터 건조함과 척박함이 느껴지는 고을이다. 이곳에 사는 이들에게는 미안한 이야기가 되겠지만, 한때 무장공비가 침투했다는 이유로 왠지 긴장된 지역으로 보통 사람들에게 각인되었고, 그런 연유로 반공교육에 길들여진 사람들에게 삼척은 그리 마음이 편치만은 않은 땅으로 다가오는 것이리라.

| 삼척미륵의 모습은 마치 초병의 그것과 흡사하다. 바다쪽을 향해 두 눈을 부라린 표정엔 민초를 지켜야하는 의무감이 가득 배어 있다. |

삼척의 미륵들은 한 마디로 마땅히 의지할 데가 없던 민초들이 스스로 만든 귀의처라고 할 수 있다. 그들의 고통을 덜어주는 이, 하소연을 들어주는 이 없던 시대에 민초들이 자발적으로 신령스러운 바윗돌을 골라 정으로 두드리고 다듬어 조성했을 것이기 때문이다. 그래서 그 모습은 지극히 민중적이며, 눈매와 입가의 선에는 민중의 애환이 잘 드러나 있고, 자리한 곳 또한 민초들의 삶이 얽히고 부대끼는 생활의 현장인 것이니, 눈치 빠른 이는 미륵의 얼굴을 살피는 것만으로도 이 고을 백성들이 겪어온 애환을 능히 짐작할 수 있을 것이다.

'미륵은 언제 오시려나. 언제나 우리 곁에 오시어 우리네 시린 가슴 달래주시려나. 바다를 먹고사는 우리네에게 걱정도 없고 두려움도 없는 세상을 이루어주고, 삶의 희망을 가져다 줄 미륵은 언제나 오시려나.' 아마도 이 고을 민초들은 미륵을 찾아 이렇게 간절히 기원했을 것이다. 때론 남편이, 때론 아버지와 아들이 배를 타고 나갔다가 바다에 묻히곤 하는 쓰라린 고통의 반복을 짊어진 삼척의 아낙네에게 미륵은 풍진 삶을 지탱케 해주는 버팀목이자 미더운 동반자였다.

나지막한 언덕배기에 나란히 서 있는 미륵을 부둥켜안고 내 남편, 내 자식 놈은 제발 잡아가지 말라며 간절한 염원을 토해냈을 당시 삼척의 아낙네들. 그들은 검푸른 바다보다도 더 검푸러진 가슴에 아버지와 남편, 아들을 묻고 그저 미륵의 품에 매달려 울부짖으며 한을 달래고는 다시 일어나 새 삶에 대한 희망과 기력을 되찾곤 했던 것이다. 또 그 아픔과 고통이 후손들에게는 없기를 발원하며 태백산 물이 흘러내려와 바다와 만나는 곳에 자리한 맹방마을에 정성껏 매향埋香, 내세의 복을 빌기 위해 향을 강이나 바다에 묻는 일을 했다.

삼척의 미륵은 종교의 역할과 기능을 다시금 생각하게 하는 마을미륵이다. 그러니까 민초들의 구체적인 삶에 종교는 왜 필요하며, 또 어떤 영향을 미쳐야 바람직한 것일까, 하는 근원적인 문제를 우리로 하여금 곰곰이 생각하게 한다.

| 마을 옆 나즈막한 언덕배기 같은 산자락에 버려지듯 웅크리고 서 있는 삼척미륵들. |

　종교와 철학이 사회에서 담당해야 할 역할은 마땅히 시대를 이끌어갈 사상적 토대를 제공하고, 삶의 희망과 용기를 불어넣는 자양분의 기능이다. 따라서 그 가르침이 현란한 논리와, 때론 난해하게 들리는 희론으로 현실을 재단하고 해체하거나 왜곡하는 것이어서는 안 된다. 종교의 역사를 살펴보면 시공을 초월하는 영원한 진리라 하더라도 세월이 흐르면서 차츰 원형을 이탈해 왜곡된 모습으로 변하는 경우가 허다하다. 불교는 기존의 여러 종교나 철학과는 차별을 둔 가르침이었는데도 불구하고 세월의 흐름과 함께 이 같은 변질의 범주를 벗어나지 못했다. 석가모니 입멸 후 백년 천 년 세월이 흐르면서 그 본질마저도 방편이라는 허울에 휩쓸려 훼손되는 지경에 이르는 경우가 오늘날에까지 간단없이 지속되고 있는 것이다.

아마도 이곳 삼척의 민초들이 미륵을 조성하던 때에도 그와 비슷한 경우가 발생하지 않았나 생각된다. 삼척고을에도 절은 있었을 것이고 스님도 있었을 것이지만, 삼척의 민중적인 미륵을 보면 당시 삼척의 불교가 민초들의 욕구를 해소하는 역할은 하지 못했을 것이라고 추정하게 된다. 그 때문인지, 이곳 삼척의 산자락에 옹크린 미륵에서는 유독 민초의 냄새가 진하게 풍겨 나온다.

삼척의 세 미륵은 고속버스터미널 뒤쪽으로 봉황산 자락이 거의 잦아들다가 솟구치듯 가파르게 날을 세운 곳에 자리해 있다. 바다에서 육지를 향해 달려들 듯 거친 산세가 만만치 않은 터라 이름조차 호악虎嶽으로 불리는 만큼 매어놓은 밧줄에 의지하지 않으면 오르기 힘들 정도로 가파르다. 가까스로 언덕배기를 오르면 이내 액막이처럼 턱하니 버티고 앉아 있는 미륵부처님 3기를 한눈에 만날 수 있다.

| 지금은 민초들로부터도 외면받는 고독한 처지가 되었다. 그러나 눈빛만은 여전히 형형하여 천 년의 세월을 견디어내고 있다. |

'헉, 저 눈에서 번쳐 나오는 눈부신 안광이란!' 4-5미터 간격으로 줄지어 앉아 동해바다를 향해 치켜뜨고 있는 미륵들의 눈길이 여간 예사롭지가 않았다. 국경을 지키는 초병의 눈매 같기도 하고, 아버지와 남편, 그리고 장성한 아들을 삼켜버리는 바다를 원망했던 민초들의 슬픔을 머금은 눈길 같기도 하며, 더 이상 가난한 백성의 가슴에 아픔을 주지 말라며 동해의 용왕을 준엄하게 꾸짖는 눈매이기도 하다.

불과 몇 해 전만 해도 이 산자락은 수십 길의 검푸른 '오십천五十川' 강물이 휘돌아가던 산자수명山紫水明한 곳이었다. 그러나 인위적으로 강줄기가 바뀌고 한때 수

| 온갖 액난을 온몸으로 막겠다는 단호한 의지가 삼척미륵의 뒷모습에서도 선명하게 묻어나오고 있다. |

십 길의 검푸른 물길이 휘돌아 치던 미륵바위 아래에는 아파트와 공장이 드문드문 들어서버렸다.

이곳의 미륵과 관련하여 《척주지陟州誌》에는 "봉황대鳳凰臺에 삼석인상三石人像을 세웠는데, 이곳은 요사스러운 기운이 일어난다고 하여 미륵을 세웠다."고 기록되어 있다. 한때 죄인들을 처형한 곳이라는 소문이 아니더라도 위압적인 산세가 결코 간단치 않은 운명을 타고난 산임을 알려준다. 민속학자 주강현 선생은 《마을로 간 미륵》에서 봉황산 미륵과 관련한 전설을 발로 채집하여 이렇게 전하고 있다.

미륵이 혼자였다면 더욱 처연했을 것이다. 그나마 세 미륵이 옹기종기 모여 있어 의지도 되고, 밤이면 도란도란 이야기도 나눌 것이리라.

옛날, 인근의 군인들이 미륵을 강물에 밀어 빠뜨린 적이 있었다. 그 후로 오랫동안 비가 내리지 않아 극심한 가뭄이 계속됐다. 곡식이 다 말라죽고 먹을 물마저 부족했다. 어느날 마을의 한 노인 꿈에 미륵보살이 현몽現夢을 해 선량한 사람 오십 명이 나를 건져주면 비를 내려주겠다고 약속했다. 노인이 꿈대로 마을에서 선량 50명을 뽑아 미륵을 건져내자 천둥번개가 치면서 비가 쏟아졌다. 이후 동네 사람들은 미륵을 두 기 더 만들어 산에 안치했다.

얼마 전에도 아이들이 장난으로 미륵 1기를 밀어서 떨어뜨린 일이 있었다고 한다. 이때도 마을에 재앙이 일어나 마을 사람들이 모여 미륵을 제자리에 다시 모셨다는 것이다. 실제 있었던 일일 수도 있고, 미륵의 영험을 강조하기 위해 만들어진 이야기일 수도 있겠지만 어쨌건 그 사건 이후로 이 고을 사람들은 미륵부처님 전에 정성껏 제를 올렸다고 한다.

그러나 오늘의 봉황산 미륵들은 마냥 외롭기만 하다. 언제 사용했던 것인지 모를

| 민초들이 찾든 말든, 치성을 올리든 말든 삼척의 미륵들은 묵묵히 그 일을 하고 있을 뿐이다. |

반쯤 탄 양초만이 몇 조각 쓸쓸히 뒹굴고 있을 뿐 미륵 세 기는 민초들의 관심 바깥으로 완전히 밀려나 있었다. 인근 동화맨션 아파트 관리사무소의 경비원에게 물으니 미륵에게 치성을 드리는 사람을 몇 해째 보지 못했다며 시큰둥한 표정이다.

민초들의 마음이야 어찌되었든, 삼척에 사는 3기의 미륵은 오늘도 내일도 봉황산 호악 줄기에 웅크리고 앉아 두 눈을 부릅뜨고 동해를 노려보고 있다. 설사 한때 홀대를 받는다고 해서 미륵이 민초들의 비원을 외면할 리는 없기 때문이리라.

'아무리 그렇다 해도…….' 속이 답답해져 오는 것은 나그네의 속 좁음 탓일까? 오랜 세월 민초들의 애환을 달래온 미륵을 까맣게 잊은 채 바쁘게 부대끼며 살아가는 그들이 자꾸만 야속하게 여겨지는 것은.

아무렇게나 방치돼 언제 훼손될지 모를 운명에 처한 미륵의 눈가로 가로지른 한 줄기 그늘이 상처가 되어 시리게 다가온다. 발길을 돌리려다가 몇 번이나 되돌아가 미륵을 보듬어 안아보았다. 시나브로 서글픔이 밀려든다.

천천히 산을 내려와 도망치듯 삼척을 빠져나왔다. 한동안 말문을 열지 않았다. 미륵을 방치하고 있는 삼척 사람들이 참으로 야속하게 느껴졌기 때문이다. 자신들이 사는 고을의 소중한 역사를 아는지 모르는지, 지역 문화전통의 가치에 대해 어쩌면 그리도 무관심할 수 있는 것인지……. 서글픔은 곧 부아가 되어 치밀어 올랐다. 그러나 누굴 탓할 것인가? 가장 먼저 찾아 보호하고 경배해야 할 불제자들조차 미륵을 잊고 살기는 마찬가지인 것을.

버려진 삼척의 미륵을 통해 새 세상 건설이 얼마나 어려운 일인지를 다시 한 번 실감했다. 비록 차량에 몸을 의탁했으나 마음의 발길만은 천근만근 무거워지고 있다.

| 하늘 아래 가장 편안한 마을이라고 해서 미륵이 없으란 법은 없다. 민초들의 삶이란 본시 태평성대라 해도 바람 잘 날 없이 온갖 소소한 사고와 고민거리가 생겨나는 법이니, 어찌 이곳의 민초들이라고 해서 미륵을 모시지 않을 수 있었겠는가. |

하늘 아래
가장 편안한 동네

천안의 미륵

　　　　　　　　　　　미륵이라고 하면 으레 혁명을 떠올리고 변혁을 연상하게 되지만 모든 경우가 다 그런 건 아니다. 그야말로 민초들의 소박한 꿈을 이웃집 할머니처럼 정성스레 들어주고 그들의 사소한 아픔을 달래주며, 그 위신력으로 그들의 바람을 성취해주는 친근한 미륵도 얼마든지 있다.

　대개 마을미륵으로 불리는 이런 미륵들은 일단 미륵신앙 특유의 역동성이나 혁명성, 변혁성과는 거리가 멀다. 즉 지장보살이나 관음보살, 아미타와 약사부처님과 같이 중생들의 애환을 보듬어주는 역할과 그 기능에서 별반 다를 게 없다.

　따라서 미륵 앞에서 도도한 역사의 흐름을 이야기하고 변혁과 새 세상을 꿈꾸지 않은 채 개인의 안위나 복을 빈다고 해서 잘못된 것은 아니다. 석가모니가 중생의 근기에 맞춰 법을 설했듯이 미륵 역시 민초들의 바람에 맞춰 그 역할을 하는 것일 뿐이다. 그러므로 민초들이 미륵 앞에서 어떤 신앙행위를 하든 그것은 문제가 되지 않는다. 어차피 민초들은 그 불상의 조형적 특성이나 생김새를 따지지 않고 어느 부처든 가리지 않고 자신의 간절한 비원을 빌었으니 말이다.

충청남도 천안은 '하늘 아래 가장 편안한 동네'라는 이름만으로도 극락세계를 연상시키는 고을이다. 실제로 천안은 겨울에도 크게 춥지 않고, 여름에도 그리 덥지 않은 천혜의 기후를 가지고 있다. 기상이변에 따른 다소의 피해가 아주 없는 것은 아니겠지만 나는 여태껏 천안에서 천재지변으로 인해 큰 피해를 입었다는 소식을 들어보지 못했다. 최근에는 고속철도가 개통되고 행정수도 지정 등의 이유로 언론에 자주 거론되면서 천안의 가치가 천정부지로 올랐다. 이 고을의 이름을 천안이라고 한 것은 다 이런 조건들과 무관치 않을 것이리라. 그런 탓인지 천안 사람들의 성정은 매우 유순하고 온화하다. 이 지역에서 유행하는 흥타령이나 천안삼거리의 능수버들이 천안의 상징물로 정해진 것도 바로 유순하고 낙천적인 성정과도 관련이 있을 것이다.

| 태학산 미륵의 뒷모습. 뒷모습도 범상치 않은 모양을 하고 있다. |

그러나 하늘 아래 가장 편안한 마을이라고 해서 미륵이 없으란 법도 없다. 민초들의 삶이란 본시 태평성대라 해도 바람 잘 날 없이 온갖 소소한 사고와 고민거리가 생겨나는 법이니, 어찌 이곳의 민초들이라고 해서 미륵을 모시지 않을 수 있겠는가? 미륵은 중생이 있는 곳이면 어느곳이든 가리지 않고 그 모

습을 드러내는 법이니 편안한 땅이라고 해서 미륵을 떠올리지 않으려 한다면 큰 오산이다.

천안의 중심부에 있는 태조산에는 천 년 고찰 성불사가 있다. 의상대사가 창건했다는 전설을 가지고 있는 이 절은 태조산 중턱 가파른 절벽에 매달리듯 자리해 있다. 법당 뒤 바위절벽을 타고 올라가면 의상이 앉아 관음주력을 했다는 반경 2미터 정도의 공간이 있는데 여기서 내려다보는 태조산의 경관은 그야말로 장관이다. 성불사에는 한국불교를 대표하는 원효와 의상에 얽힌 설화가 전해 내려온다.

| 하늘 아래 가장 편안한 고을이라고 해서 미륵이 없으리라는 법은 없다. 천안에도 숱한 사연을 담은 미륵이 산재해 있다. 사진은 태학산 장군바위 마애미륵. |

어느 날 의상이 산 너머에서 수행하고 있는 원효를 초청해 하늘에 공양天供을 올리기로 했다. 천신과 천녀에게 음식을 마련할 것을 당부하고 원효를 초대했다. 그런데 원효가 천공을 받기 위해 이곳으로 왔으나 웬일인지 천신과 천녀가 나타나지 않았다. 불공을 올리려는 계획은 수포로 돌아갔다. 원효가 돌아가고 나서야 천신과 천녀가 의상 앞에 나타났다. 의상이 뒤늦게 나타난 이유를 물으며 꾸짖자 이들은 원효가 이미 부처의 경지에 올라 그 주위에 천신과 신중이 가득 에워싸고 있어 자신들이 들어올 틈이 없었다고 말했다. 이 말에 의상은 크게 깨닫고 더욱 정진할 것을 결심했다.

| '이곳에 절이 있었으면 좋겠다'는 의상의 생각에 관음조가 나타나 부리로 쪼아 새겼다는 마애미륵. |

성불사의 창건연기설화도 매우 흥미롭다.

이곳에서 수행을 하던 의상이 어느 날 마음속으로 '그래도 이곳은 내가 정진을 하던 곳이니 절이라도 하나 생겼으면 좋겠다.'는 생각을 냈다. 그러자 어디선가 돌연 관음조(백학이라는 설도 있음) 두 마리가 날아와 부리로 바위를 쪼아 불상을 조각했다. 한창 부리로 바위를 쪼아 불상을 조성하고 있는데 아래쪽에서 나무꾼의 인기척이

들렸다. 놀란 관음조는 멀리 날아가 성거산 기슭에 또 하나의 마애미륵을 조각했다.

이때 관음조가 새긴 것이 바로 성불사의 마애미륵(관음보살이라는 설도 있음)과 성거산 만일사의 마애미륵이다. 성불사는 새가 미처 불상을 완성하지 못했다고 해서 한때 성불사成不寺로 불리기도 했다. 실제로 자세히 살펴보면 불상이 조각된 바위의 표면상태가 사람의 손으로 조각했다는 느낌이 없이 자연스러워 전설의 신빙성을 더해준다. 성불사는 기가 센 도량으로도 유명하다. 그래서 산신각의 편액을 산신각이 아닌 산령각山靈閣이라고 썼다고 한다. 그 때문인지 지금도 이곳 산령각을 찾는 무속인의 발길이 잦다.

그러나 천안의 대표적인 미륵으로는 아무래도 태학산의 마애미륵을 꼽지 않을 수 없다. 누구든 마애미륵의 기상과 아름다움을 감상하고자 한다면 천안 태학산에 가보라고 권하고 싶을 정도로 그 조형이나 표정이 힘차고 정갈하다. 태학산은 천안 시내 중심부에서 풍세면 쪽으로 얼마 가지 않은 곳에 위치해 있다. 삼태리 마애미륵불로 명명된 이 미륵은 신라 진덕여왕 당시 진산대사가 조각했다는 전설을 가지고 있다. 그러나 두 손을 가슴 앞으로 든 독특한 손 모양이 고려시대 미륵불상의 전형적인 양식이라는 점을 고려하면 고려시대에 조성된

| 성불사 법당 뒤편 바위에 새겨진 마애불과 연꽃 등의 문양들(위).|
| 태조산 성불사는 의상대사가 창건한 고찰답게 원효와 의상이 관련된 전설이 전해오고 있다(아래).|

| 용화사미륵은 특히 아들을 원하는 사람들이 치성을 드리면 반드시 효험을 본다는 전설을 갖고 있다. |

불상일 가능성이 높아 보인다.

이는 높이 7미터, 폭 2미터의 거대한 마애불 치고 그 자태가 워낙 웅대하고 장엄하며 위엄이 있고, U자형 통견의 불의와 상호, 옷 주름 표현의 예술적 가치가 높아 보물 제407호로 지정됐다. 눈매와 코와 입의 정교한 비례와 거기서 뿜어져 나오는 신비한 미소는 감동 그 자체이다. 수인의 모습이나 옷의 주름 표현 등은 아무리 보아도 일반적인 석공이 표현해낼 솜씨가 아니다. 이런 정도라면 필시 당대 최고 장인의 솜씨일 것이 분명하다.

마애미륵은 학자의 고증이 있기 전까지 장군바위로 불렸을 정도로 위풍당당한 자태와 강건한 이미지를 갖추었는데, 거의 완벽한 조형미를 갖춘 보기 드문 미륵이라는 점에서 보다 철저한 조사가 필요할 것으로 보인다. 남아 있는 기록이나 근거는 없지만 얼굴에서 풍기는 저 비범한 인상은 단순히 민초들의 복을 들어주는 데 만족했을 모습은 아니다. 모르긴 몰라도 이 미륵에는 필시 뭔가 의미심장한 배경과 역사가 숨겨져 있을 것 같다.

더욱 흥미로운 것은 마애미륵의 뒷면이다. 마애미륵 뒤로 영락없이 크게 입을 벌린 용의 형상을 한 바위가 숨은 듯 자리하고 있다. '허, 용 모양의 바위를 뒤에 숨기고 나타난 미륵이라니!' 용(미르)신앙과 미륵신앙의 앙상블을 예서 다시 한 번 확인할 수 있는 것이다. 이런 기묘한 바위를 만날 수 있음은 아마도 그 동안 미륵을 찾아 방방곡곡을 다닌 공덕이 아닐까 싶다.

과거의 위상이 무엇이었든지 오늘날의 민초들은 이 미륵 앞에서 득남과 복을 빌고 있다. 장군바위라고 불리던 미륵이기에 아들 낳기를 발원하는 행렬이 끊이지 않는다. 필시 웅대한 조성 배경을 가졌을 마애미륵이 세월이 흘러 득남을 비는 마을미륵의 역할을 하고 있는 아이러니를 어떻게 받아들여야 할지 난감하다.

태학산을 빠져나와 목천으로 향했다. 목천 미륵당(현재는 용화사가 들어서 있음)에 있는 미륵 2기가 영험하다는 소문이 자자하기 때문이다. 충청도 유형문화재 58호로 지정된 이 미륵은 원래 하체가 매몰되었던 것을 지금의 용화사 스님들이 연화 좌대를 만들어 들어올렸다.

미륵불 주위에 기둥을 세웠던 주춧돌 4개가 남아 있는 것으로 보아 경기도 안성의 미륵당에서 보았던 거대 미륵의 또 다른 전형임을 알 수 있다. 높이가 약 4미터에 이르는 이 미륵불은 대형불상인데도 꽤나 복스러운 얼굴을 하고 있다. 갸름한 얼굴에 작고 단정한 입, 다시

| 목천 미륵당에 있는 미륵 2기. 현재는 그 옆으로 용화사가 들어서 있다. |

천안의 미륵 149

| 천안의 미륵들은 민초들의 성정을 잘 표현해주고 있다. 순박함 속에 강인함, 천진함 속에 혁명성이 겹쳐져 있다. |

만들어 붙이긴 했지만 오뚝한 콧날과 지그시 감은 눈은 단아하면서도 자비롭다. 그 양식으로 보아 통일신라 불상양식의 전통을 잇는 고려 초기의 작품으로 추정된다. 다만 들어올린 좌대 위에 가지런히 놓인 미륵의 두 발이 마치 미륵하생을 염원하며 하체를 매몰했을 옛 조상들의 발원을 억지로 당겨놓은 것 같아 어색하다.

이 미륵상 옆에는 용화사 뒷산에서 발견해 옮겨온 몸체와, 15년 전 한 마을주민의 꿈에 현몽을 해서 찾게 된 머리 부위를 다시 붙여 모셔놓은 미륵 1기가 서 있다. 꿈에 현몽을 하여 미륵의 두부를 발견했다는 등 미륵을 찾거나 복원하는 과정에서 발생한 갓가지 영험한 이야기는 현대 과학으로 설명할 수 없는 불가사의한 일들이다. 특히 아들을 낳거나, 자식이 귀한 집안사람들이 지극 정성으로 기도를 하면 반드시 성취한다는 소문이 파다하고, 실제 이곳에서 기도를 하고 득남하거나 자녀를 갖게 된 경우가 많아 사람의 발길이 끊이지 않고 있다.

천안에서 만난 미륵은 대부분 푸근한 인상을 하고 있다. 이 지역 민초들의 성정을 닮았을 것이니 상호가 푸근한 것은 당연한 것이지만 이렇다하게 피비린내 나는 역사적 배경이 없는, 그러니까 지극히 민간적인 미륵을 순례한 느낌은 색달랐다.

그러나 태학산 마애미륵의 강인한 눈매에서도 나타나듯 이곳 민초들의 성정이 마냥 푸근한 것만은 아니다. 유관순 열사의 충혼이 깃든 아우내 장터, 계유정난의 주역 한명회의 묘, 연산의 학정을 몰아낸 인조반정의 공신 이시백, 민초들 편에서 정사를 보살폈던 암행어사 박문수의 묘가 이곳 천안고을에 자리하고 있다. 해서 순박한 성품 속에 깃들여 있다고 그 강직함을 소홀히 흘려보내면 곤란하다.

흔히 민초라 하면 순박한 성품을 가졌을 것으로 생각되기 마련이다. 그러나 순박함 속에는, 어떤 계기가 주어지기만 하면 무섭게 폭발하는 양면성이 동시에 내재되어 있음에 주목해야 한다. 어쩌면 민중성에 대한 정확한 표현은 순박함 뒤에 숨겨진 혁명성일지도 모른다.

천안의 미륵에는 이러한 민중성이 잘 나타나 있다. 순박함 속의 강인함, 천진함 속의 혁명성, 천안 미륵의 얼굴에서 이러한 민초들의 성정을 읽어냈다면 천안의 미륵을 제대로 보았다고 해도 과례過禮가 아니다.

민초 찾아 마을로 내려온 미륵
마을미륵에 대하여

　마을미륵은 말 그대로 마을의 안녕과 그곳에 모여 사는 민초들의 멸죄성복을 비는 대상으로서 존재하는 미륵을 말한다. 우리나라 어느 곳이든 마을 아닌 곳이 없겠으나 마을미륵의 특징은 그것이 위치가 사찰이나 당집이 아니라 동구(洞口)나 논두렁 밭두렁 가, 심지어 민가 울타리 안 등 삶의 터전과 함께하는 곳이라는 특징이 있다. 따라서 마을미륵은 그 모습이 순박하고 지극히 서민적이며 정감어린 표정을 하고 있다. 누구라도 안고 얼굴을 비벼댈 마음을 들게 해주는 미륵이다.

　"미륵은 마을로 가야만 했다!" 민속학자 주강현 선생은 자신의 책 《마을로 간 미륵》에서 마을미륵을 이렇게 설명했다. "(마을)미륵은 고색창연한 사찰을 떠나 이름 없는 마을로, 들로, 바닷가로, 그렇게 농사짓고 고기 잡는 우리들 삶의 현장으로 저벅저벅 걸어갔다. 아니 왔다. 사찰에만 살던 미륵이 다시 한 번 더 출가하여 마을로 왔다"고. 주강현 선생의 설명이 아니더라도 미륵은 미래의 부처님이기에 늘 중생들과 함께 해야 할 사명을 띤 부처님이다. 민초들에게 있어 미륵은 일종의 메시아이다. 그래서 서럽고 아프고 억압받는 사람들에게 미륵은 더 강렬하게 다가올 수밖에 없다. 민초들의 미륵을 향한 열망은 마침내 미륵을 산중의 사찰에서 마을로 끌어내린 것이다. 미처 미륵이 내려올 때를 기다리지 못한 민초들은 자신들의 쟁기로 돌을 쪼아 미륵을 새기기도 했다.

　그들에게 있어 미륵이 '돌에 새긴 희망'일 수밖에 없는 이유가 이것이다. 꼭 민초들의 열망이 아니더라도, 민초들이 차마 기다리지 못해 돌을 쪼지 않았어도 미륵은 마을로 내려왔을 것이다. 도솔천에서 지금도 사바세계를 내려다보며 하강할 시기를 찾고 있는 미륵이기에 결코 민초들의 부름을 외면할 수 없을 것이기 때문이다. 그래서 마을미륵의 모습은 할아버지, 할머니의 모습과 다르지 않으며, 마을 입구에 서 있는 장승과도 그 기능과 역할이 크게 다르지 않다. 이따금씩 마을미륵 옆에 사찰이 들어서 사찰미륵으로 변해버린 미륵도 없지 않지만 그것의 기능이 사찰에 있는 엄격한 미륵과는 분명히 다르다. 논두렁에 버티고 서서 농사를 짓는 민초들과 애환을 함께 해온 미륵과 스님들과 불자들의 치성을 받으면서 왠지 뭇 중생과는 거리감을 느끼게 하는 사찰미륵과는 그 느낌부터 판이한 것이다. 제주 미륵이나 당진의 미륵처럼 지금은 절 안이나 절의 경내에 위치하게 된 미륵도 없지 않지만 이 미륵들이 가졌던 역사적 성격이나 기능을 고려해 여기에서는 마을미륵에 포함시켰다. 할아버지나 동네 어른 같은, 엄마나 친구 같은 미륵들, 삼척이나 안성의 미륵들처럼 지금은 마을사람들조차 그 존재를 잊어버린 미륵들도 많지만 중생들의 마음이 어떻게 변하든 마을을 지키고 민초들의 의지처가 되려는 마을미륵들의 단심에는 추호의 변함도 없을 것이다.

■ 청양 미당리 미륵
위치 : 충청남도 청양군 장평면 미당리 미륵댕이 마을 / 연락처 : http://www.cheongyang.go.kr/(청양군청 홈페이지)

■ 당진 안국사 미륵
위치 : 충청남도 당진군 정미면 수당리 산102-1번지 / 연락처 : 041-352-7127(수당리 마을회관)

■ 제주 동자복 · 서자복 미륵
위치 : 제주도 제주시 건입동 1257번지(주택가 내), 제주도 제주시 용담1동 385번지(용화사 경내)
연락처 : 064-757-3003(건입동사무소)

■ 안성의 미륵
위치 : 경기도 안성시 아양동 아양주공아파트 107동 바로 뒤
경기도 안성시 삼죽면 기솔리 쌍미륵사 / 국사봉 정상 바로 밑의 국사암
경기도 안성시 죽산면 매산리 366번지 미륵당 태평미륵
경기도 안성시 대덕면 대농리 91번지 대농리미륵
연락처 : http://tour.anseong.go.kr/ (안성문화관광 홈페이지)

■ 삼척 바닷가 미륵삼불
위치 : 강원도 삼척시 남양동 봉황산 백조아파트 근처

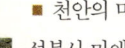
■ 천안의 미륵
성불사 마애미륵
위치 : 충청남도 천안시 안서동 태조산 / 연락처 : 041-550-2032(천안시청 문화관광담당관실)

목천 미륵당
위치 : 충청남도 천안시 목천면 동리 178번지 / 연락처 041-557-2129

태학산 마애미륵
위치 : 충청남도 천안시 풍세면 삼대리 산28번지 / 연락처 : 041-566-7491(태학사)

>>> 앞의 사진 | 운주사 터로 발을 들여놓으면 바위를 지붕삼고 벽삼아 줄지어 기댄 채 서 있는 석불을 도처에서 만날 수 있다. |

3

황량함만큼 아린 역사 머금은 미륵

절터미륵 편

| 숱한 상상력과 추측, 전설을 낳고 간직해 온 운주사에는 이제 겨우 탑 18기와 불상 70여 구가 남아 있을 뿐이다. 그 많던 탑상은 저자거리로, 또 담장의 밑돌로, 축대의 한 부분으로, 무덤의 묘석으로, 농가의 주춧돌로 하나 둘씩 역할을 바꿔가며 운주사를 떠나 갔다. |

폐허에서 던지는
희망의 메시지

전라남도 운주사

전라남도 화순에 있는 운주사雲住寺에는 절이 위치한 계곡과 산허리에 걸쳐 탑과 불상이 가득히 채워져 있다. 지금은 비구니들이 모여 절터 한쪽에서 살며 복원불사를 하고 있지만, 이곳은 아직도 폐허의 절터를 벗어나지 못하고 있다.

이곳에는 보통의 절에서 볼 수 있는 화려한 단청이나 육중한 건물이 없다. 어쩌면 그런 것이 있을 필요가 없다는 표현이 더 적확할지도 모르겠다.

다른 곳에서는 찾아볼 수 없는 특이한 가람 배치로 누구에게나 가슴을 열어 주는 넉넉함이 있는 곳 운주사. 이 넉넉함과 신비로움을 운주사 터를 거닐면서 느꼈다면 운주사를 제대로 본 것이라고 해도 좋을 것이다.

| 운주사의 매력을 일부 사학자들은 집단미의식의 표출, 또는 반복적인 조형과 배치가 가져다주는 강렬함의 극치로 표현했다. |

운주사는 오랫동안 뭔가 알 수 없는 독특한 신비로움을 간직한 절로 일반에 인식되어 왔다. 이 운주사 터만의 독특한 매력을 일부 미술사학자들은 집단 미의식의 표출이라든가, 반복적인 조형과 배치가 가져다주는 강렬함의 극치 등으로 표현했다.

그런 평가가 맞든 그르든, 누구든 운주사 터에 이르면 감탄사부터 내뱉는 것은 사실이다. 그 느낌이야 사람마다 다르겠지만 여느 사찰에서도 맛볼 수 없는 독특한 맛을 경험할 수 있기 때문이다.

도대체 이런 운주사의 매력은 어디에서 나오는 것일까? 그 해답 중의 하나는 '미완성'이 아닐까 싶다. 완성되지 못했기에 더 또렷하게 느낄 수 있는 미래에 대한 희망과 가능성, 그리고 기대할 수 있는 여지 따위의 감정이 결코 평범하지 않게 생긴 불탑과 어울려 유별난 감동을 일으키기 때문이다.

운주사는 황석영의 소설 《장길산》이 발표되면서 유명세를 타기 시작했다. 황석영은 조선조 숙종 연간의 의적 장길산을 주인공으로 한 이 소설에서 운주사의 설화를 적절히 삽입시키면서 특유의 문학적 상상력을 발동했다. 즉 와불을 일으켜 세우면 민중해방의 용화세계가 열린다는 것으로 소설의 대미를 장식했던 것이다.

이 소설이 출간된 즈음인 1980년대에는 사회변혁과 민주화의 함성이 집단적으로 분출되기 시작했다. 이런 흐름이 장길산을 통해 미륵세상을 열어보려 하는 황석영의 소설과 맞아떨어지면서 운주사는 일약 미륵신앙의 성지로 부상했다.

비가 제법 많이 내리던 어느 봄날, 나는 내리는 비를 고스란히 받아들이며 화순고을 다탑봉 천불천탑 앞에 서 있었다. 폐허로 남은 운주사를 찾은 날은 비가 내려야 제격일 것이라는 생각으로, 18세 소녀에 어울릴 새침한 감성에 젖어 절터를 감상했던 것이다. 민초의 서글픈 한이 진하게 배어 있는 곳이라는 선입관 때문인지 궂은 날씨가 되레 자연스러웠다.

| 운주사의 매력은 미완성으로부터 분출된다. 완성되지 못했기에 미래에 대한 희망 또한 용솟음칠 수 있음이다. |

 미완의 도량 운주사, 그 모습이 얼마나 애틋하고 신비로웠으면 지나가던 구름조차 머물렀을까雲住. 구름조차도 이곳에 어려 있는 애달프고 신비로우며 일면 처절하기까지 한 민초들의 비원悲願을 느꼈기에 발길을 멈추었을 것이다. 구름마저 머물다 가게 하는 그런 불가사의한 마력을 운주사는 고스란히 간직하고 있었다.

 '아 저런!' 운주사 터의 계곡은 발을 내딛는 순간마다 탄성이 자아내게 하는 힘을 가지고 있었다. 보이느니 탑이요 그저 기댈 수 있는 곳이면 어김없이 불상이 도열해 있었다. 우리나라에도 이런 곳이 있었다니……. 글로, 사진으로 숱하게 접했건만, 그것으로는 맛볼 수 없는 생생한 감동을 나는 빗줄기속에서 온전히 즐길 수 있었다.

 온갖 표정을 한 불상의 모습은 그대로가 할머니와 할아버지, 부모형제, 이웃의 얼굴이다. 정겨운 미소, 못생기고 투박하지만 가장 민중적인 얼굴이다. 그렇기에 그토록 스스럼없이 부처님의 얼굴을 감히 매만질 수 있었는지도 모른다. 저 신라와 고려조 불상의 화려하고도 잘생긴, 그래서 범접을 할 수 없는 얼굴이 아닌, 늘 눈에 익은 범부의 얼굴. 이 모습은 어쩌면 '누가, 왜, 무슨 이유로 이곳에 이런 불사를 했을까?'라는 풀리지 않는 의문을 해결해주는 단초이기도 하다.

 운주사가 세워지게 된 연유는 천불천탑에 얽혀 있는 몇 가지 설화를 통해 유추해 보는 수밖에 다른 방법이 없다. 첫번째 설화는 신라 말 도선道詵국사가 당나라에 가

| 독특한 가람배치, 비슷한 예를 찾아볼 수 없는 그만의 양식들은 운주사의 신비를 더하는 요소들이다. |

서 지리학을 공부하고 돌아와 우리나라의 지세를 살펴보니 운주사 땅이 여자의 음부에 해당하는 형국으로, 장차 임금이 나올 군왕지郡王地이므로 그 혈을 끊어 놓기 위해 명당을 누르는 탑을 세우고 도술을 부려 근처 30리 안팎의 돌을 불러 모아 하룻밤 사이에 천불천탑을 세웠다는 것이다.

두 번째 설화는 우리나라의 지형이 배가 지나가는 행주형국行舟形局인데 동서가 편편하지 못하고 태백산맥이 동쪽으로 치우쳐 있어 국토의 정기가 일본으로 새어 나가 나라가 망할 위험이 있으므로, 국운이 빠져나가지 못하도록 도선이 이곳에 천불천탑을 세웠다는 것이다.

세 번째는 옛날 옛적 영암 월출산, 해남 대둔산, 보성, 진도, 완도 일대의 미륵불들이 스스로 미륵이 되어서 몰려들어 절을 이루었다는 설화이다.

그러나 아무래도 가장 많이 알려진 설화는 황석영도 소설 《장길산》에서 채용한 바 있는, 하룻밤 사이에 천불천탑을 세우면 서울(도읍)이 이곳으로 옮겨진다는 미륵의 계시로 변혁을 바라던 민초들이 모여들어 다투어 불탑과 불상을 조성했다는 것이다. 이 이야기는 마지막 와불을 일으키려는 즈음에 공사에 싫증이 난 한 동자승이 "이미 닭이 울었다."고 거짓말을 해 모든 것이 수포로 돌아가면서 미완의 불사로 남게 되었다고 하여 아쉬움을 남기는 내용이다.

도선과 관련된 설화는 많은 경우에 그 신빙성 부분에서 여러 가지 의문점을 가지고 있다. 그러나 설화라는 특성상 그 사실성이나 역사성 여부가 그리 중요하지는 않을 것이다. 당시 민초들의 염원을 담고 있는 불상이요, 탑이라는 사실을 설화를 통해 알았다면, 그리고 그런 해석에 큰 이견이 없으면 그대로 가치가 있고 충족한 것이기 때문이다. 예컨대 새로운 세상을 꿈꾸던 민초들이 그 염원을 담아 조성한 불상의 수인이 미륵보다는 석가모니나 비로자나의 그것에 가까우니 운주사의 불상은 미륵이 아니라는 주장 따위는 별 의미를 가질 수 없다는 이야기이다. 외려 간과해선 안 될 것은, 밤새 정과 망치로 돌을 쪼며 미륵의 나라를 염원하던 민초들의 마음 그 자체일 것이다.

절터 바닥에 굴러떨어진 불두. 누군가 불두를 쪼개려 일렬로 흠집을 내놓았다.

전라남도 운주사 163

| 운주사 와불은 운주사 대표적 석불상이다. 수많은 이야기를 간직한 채 오가는 이의 발길을 붙잡는다. 이 와불이 일어서는 날, 세상은 기쁨과 환희로 가득할 것이리라. |

불교를 지배 이데올로기로 받아들였던 신라의 미륵상 생신앙이 빚어낸 완벽한 조형미의 미륵불과는 달리 죽어서 가는 미륵정토가 아니라 지금 살고 있는 이 척박한 땅에서 미륵의 나라를 건설하겠다는 백제 유민의 미륵하생 신앙이 불상으로 또 탑으로 형상화된 것이 바로 이 운주사의 천불천탑이다.

호국호권護國護權의 관제불교를 철저히 부정하고 예토穢土를 정토淨土로 만들겠다는 민중의 염원을 그대로 받아들인 것이 미륵불교이므로, 비록 완벽한 조형미의 예술적 작품은 아니더라도 당시 민초들의 염원을 읽게 하는 투박한 불상과 듬성듬성 쌓아올린 돌탑에서 더 진한 감동을 느끼는 것은 차라리 자연스러운 일일 것이다. 저기 항아리를 쌓아놓은 듯한 탑은 아마도 아낙네들이 모여 조성한 작품일 것이고, 둥근 원판을 쌓아올린 탑은 제법 솜씨가 있는 석공의 작품일 것이다. 가족처럼 나란히 줄지어 서 있는 불상은 신심 장한 한 가족이 힘을 모아 만들었을 것이고, 만들다 만 미완의 불두佛頭는 필경 열 살 남짓한 풋내기 석공의 어설픈 손 맵시가 거쳐 간 흔적일 것이리라.

운주사 터의 불탑 중에서 대표 격은 두 말할 것도 없이 와불臥佛이다. 이 와불은 운주사의 한恨, 아니 민초들의 비원을 담은 표징으로 일컬어진다. 계곡 왼편의 산마루에 누워 있는 거대한 불상은 미륵세상을 꿈꾸던 민중의

| 동자승의 '닭이 울었다'는 거짓말로 인해 모든 것이 수포로 돌아갔음을 아쉬워함인가. 좌불의 모습이 괜시리 서글프다. |

| 천불천탑 운주사에는 탑 18기와 70여 구의 불상만이 남아 있다. 이 땅에 정의가 구현되는 날, 떠났던 탑상들은 다시 이곳으로 모여들 것이다. |

한이 실패로 돌아간 현장을 천 년 동안 지켜왔다. 그렇기에 와불이 운주사의 간판 대접을 받는 것은 자연스러운 일이다.

그러나 이 와불을 언제까지나 누운 채로 남겨 둘 수는 없다. 왜냐하면 이 와불은 설화에 나타난 대로 당시의 민중이 천불천탑을 조성하고 마지막으로 세우려는 순간 한 동자승의 거짓말에 주저앉고 말았다는, 미처 일어나지 못한 비원을 머금은 미완의 미륵이기 때문이다. 와불은 머리를 아래쪽으로 한 채 거꾸로 누워 있는 상족하수 上足下首의 이미지로 인해 이 미륵은 일어섬과 동시에 뒤틀린 세상이 바르게 된다는 미륵용화사상을 낳는 근거가 되기도 했다. 숱한 상상력과 추측, 전설을 낳고 간직해

 온 운주사에는 이제 겨우 탑 18기와 불상 70여 구가 남아 있을 뿐이다. 그 많던 탑상은 저자거리로, 또 담장의 밑돌로, 축대의 한 부분으로, 무덤의 묘석으로, 농가의 주춧돌로 하나 둘씩 역할을 바꿔가며 운주사를 떠나 갔다.
 그들의 떠남은 이 땅에 모순과 전도됨이 사라지지 않았음을 의미하는 것일지도 모른다. 그리고 이 땅에 정의와 진리가 구현되는 날, 그러니까 미륵이 오시어 용화세계가 열리는 날, 떠났던 불상과 탑은 스스로 미륵이 되어 뚜벅뚜벅 이곳으로 걸어올지도 모른다. 바로 그날에 천지개벽이 일어 화순 땅 다탑봉 산마루에 천 년 세월을 누워 있던 와불이 벌떡 일어나 되돌아오는 그의 백성들을 두 팔 벌려 맞이할 것이고.

| 흔히 중원 땅 미륵대원을 찾는 이들은 아름답고 우아한 자태의 미륵만을 생각하기 십상이다. 그러나 월악의 미륵을 제대로 이해하기 위해서는 그 맞은편 산자락에서 미륵대원의 미륵을 바라보고 있는 10미터 크기의 마애미륵을 빠뜨려서는 안 된다. 여성적인 자태의 미륵대원 미륵과는 다르게 위풍당당하고, 호령하듯 산자락을 내려다보고 있는 마애미륵의 모습. 기막힌 대조가 암시하듯 두 미륵 사이에는 범상치 않은 인연이 숨어 있다.

상생의 철학을
배태한 석축사원

월악산 미륵대원

가을 끄트머리인데도 월악산은 제법 겨울의 매운 기운을 짙게 내뿜고 있었다. 가을 옷차림으로는 송곳처럼 파고드는 월악의 삭풍을 막아내기가 힘겨웠다.

월악은 백두대간의 한 줄기가 서쪽으로 방향을 틀어 뻗어 내리다 불쑥 솟아오른 준령이다. 이곳에는 우리나라에서 으뜸가는 미륵들이 우뚝 버티고 서 있는데, 한반도의 중앙에 위치해 예로부터 군사적 요충지로 이름이 높았던 것이 직접적·간접적으로 영향을 미쳤을 것이라는 추정이 가능하다. 지정학적으로 이미 이 고을은 민초들이 미륵을 그리워하지 않으면 안 될 만큼 격랑의 역사를 운명처럼 간직해온 것이다.

세찬 칼바람이 송계 계곡을 타고 내려와 온갖 종류의 석축들이 즐비하게 널려 있

| 덕주사 위쪽 월악산 허리턱에 위치한 마애미륵 앞 절터. |

는 미륵대원사 터(이하 미륵대원)를 훑어내듯 몰아치고는 이내 회오리를 치며 감싸 오르고 있었다. 어지간한 돌 조각들은 금방이라도 하늘로 날려버릴 기세였다. 그러나 그 삭풍도 미륵대원의 주불이 있는 지점에 이르러서는 멈칫거리며 속도를 늦추고 다소곳이 고개를 숙이니 참으로 불가사의한 일이다. 바람조차 세상을 굽어보고 있는 미륵 앞에서 오체투지 하듯 무너져 내리기를 거듭하고 있으니. 거친 자연의 섭리조차도 민초들의 뜨거운 원력이 담긴 미륵부처님 앞에서는 그 기운을 내리고 다소곳해지는 모양이다.

흔히 중원 땅 미륵대원을 찾는 이들은 아름답고 우아한 자태의 미륵만을 생각하기 십상이다. 그러나 월악의 미륵을 제대로 이해하기 위해서는 그 맞은편 산자락에서 미륵대원의 미륵을 바라보고 있는 10미터 크기의 마애미륵을 빠뜨려서는 안 된다. 여성적인 자태의 미륵대원 미륵과는 다르게 위풍당당하고, 호령하듯 산자락을 내려다보고 있는 마애미륵의 모습. 기막힌 대조가 암시하듯 두 미륵 사이에는 범상치 않은 인연이 숨어 있다.

어느 유명한 건축가는 월악산 미륵대원을 돌아보고 '폐허의 미학'을 절감했다고 술회한 바 있다. 폐허의 미학이라! 그도 그럴 것이 고목이 뿌리를 드러내듯 뼈대처럼 남아 있는 석축의 나열이며, 대충대충 돌을 다듬어 쌓은 듯한 석탑, 석등. 파괴된 채 시체처럼 쓰러져 뒹구는 당간지주, 세월의 흐름을 반영한 듯 이끼마저 꺼멓게 변해버린 돌 거북, 여기저기 어지럽게 널려 있는 초석, 그리고 미륵을 감싸고 있는 얼기설기 엮인 석축과 군데군데 엉성하게 남아 있는 감실龕室과 그림자 같은 미소를 드리운 불상이 부조로 새겨져 있는 돌덩이에서 폐허가 주는 감상을 느끼는 것은 자연스러운 일일 것이다. 절터 오른편에 직선으로 나 있는 인공수로가 늦가을의 정취와 어울리면서 가져다주는 감상 또한 폐허의 어두운 그림자를 뇌리에 드리우게 하는 효과를 연출하고 있다.

미륵대원의 미륵불과 덕주사 마애미륵을 바라보고 있노라면 망국의 한을 머금은 마의麻衣태자와 덕주德周공주의 모습이 떠오른다. 전해지는 이야기에 따르면 미륵대원을 세운 마의태자는 누이 덕주공주의 모습을 담아 미륵을 조성했고, 덕주공주는 망국의 한을 잊지 못해 경주를 떠나온 오라버니 마의태자의 모습으로 덕주사 위쪽 월악산 중턱, 보기만 해도 상서로움이 느껴지는 절벽 벼랑 바위에 미륵을 새겼다.

| 마애미륵의 표정에선 당당한 남성의 기개가 솟아나온다. 마의태자를 본떴다는 전설을 갖고 있는 불상이다. |

망국의 한이 얼마나 컸기에, 비단 대신 거친 삼베옷을 걸치고 금강산으로 향하던 길에 들른 이곳에서 태자 남매는 새 세상을 염원하며 이렇게 미륵을 조성한 것일까? 신라의 멸망과 함께 정처 없이 북으로 향하는 마의태자의 회한을 상상하니 나그네의 눈가에도 이내 물기가 촉촉했다.

| 월악 마애미륵은 거대한 바위에 깎고 새겨 만든 수작에 속하는 마애미륵이다. |

그렇다. 저 미륵대원의 미륵불이 북쪽을 바라보고 있는 것은 끝내 신라 복원의 비원을 접고 북녘 금강산으로 떠나간 마의태자가 미륵이 되어 다시 올 날을 기다리는 민초들의 염원을 상징하는 것일지도 모른다. 그러고 보니 석축 곳곳에 부조로 새겨져 있는 저 희미한 불상들은 미륵의 하생을 기다리는 민초들의 모습인 듯하다. 아마도 저 미륵의 손에 들려 있는, 아직 활짝 피어나지 못한 용화龍華몽우리가 만개하는 날 미륵불은 물론이요, 그 주위의 여러 부조 불상과, 또 마치 민초들처럼 도량 전체

에 널려 있는 돌덩이들이 벌떡 일어나 덩더쿵 어깨춤을 출지도 모른다.

문헌학적으로는 중원 미륵대원이 언제 누구에 의해 설립되었는지 확실치 않다. 다만 이 절터와 관련 있는 인물들의 면면으로 이 절의 창건 배경을 어렴풋하게나마 파악할 수 있거니와, 그들을 통해 인근 고을에 살던 선조들의 성정을 짐작할 수밖에 없다. 어쩌면 창건에 대한 구체적 기록이 유실된 것이 되레 한없는 상상의 나래를 펼칠 수 있는 장점으로 작용하고 있으니, 기록의 소실이 도리어 멋들어진 전설을 더 많이 간직케 하는 아이러니는 바로 미륵대원의 경우를 두고 이르는 것일 터이다.

지금은 충주시에 편입되었지만 원래 이 고을의 본래 이름은 중원이다. 정치적으로 워낙 중요한 위치에 있었던 탓으로 이 고을과 각별한 인연을 맺은 역사적 인물이 매우 많다. 신라의 마지막 왕자 마의태자와 덕주공주 이외에도, 미륵을 자처했던 궁예, 역시 미륵사상으로 백제 복원을 꿈꾸었던 후백제의 견훤, 궁예가 실정을 하면서 한때 참 미륵으로 불렸던 왕건에 이르기까지 월악과 인연이 깊은 인물들의 면면은 화려하다. 훗날 이 지역 호족을 휘하에 잡아두기 위해 충주 유씨를 제1 왕비로 삼고, 유씨 집안을 위해 전폭적으로 불사佛事를 지원했던 왕건을 제외하고는, 중원과 인연을 맺은 인물들이 모두 좌절을 맛본 주인공이라는 점 또한 흥미롭다.

| 충주와 문경의 경계에 쌓은 약 2킬로미터의 석축 산성. 소백산맥의 군사적 요충지였던 이곳 덕주산성 동문을 지나야 덕주사로 갈 수 있다.

궁예는 중부 내륙지방에 근거지를 두고 소백산맥을 넘어 신라를 공략했다. 자신을 버린 신라 왕실에 반감을 갖고 있던 것으로 알려진 그는 죽령을 넘어 영주 부석사까지 진출하는 등 신라를 괴롭혔다. 궁예는 이 과정에서 중원 지역의 주인으로서 확고한 자리를 굳혔다. 스스로 미륵을 자처했던 궁예와 중원은 불가분의 관계에 있었던 것으로 추정된다.

경상도 상주 출신인 견훤은 중원 지역 죽령과 하늘재의 전략적 중요성을 누구보다도 잘 알고 있던 인물이었다. 그러나 그는 이 지역을 둘러싼 혈투에서 왕건의 회유와 공작에 말려들어 마침내 스스로 붕괴를 자초하는 치명타를 입었다.

그런데 미륵대원에는 이들 외에도 또 한 명의 영웅이 등장한다. 바로 고구려 장군 온달溫達인데, 미륵대원에 남아 있는 큰 공 모양의 보주탑寶珠塔에는 그것이 온달장군이 자신의 힘을 과시하기 위해 가지고 논 공깃돌이라는 전설이 깃들여 있다. 바보 온달이라는 별칭으로 더 친숙한 온달장군은 평민 출신으로, 평강공주와 결혼에 성공한, 당시로서는 신분의 한계를 뛰어넘은 입지전적인 인물이다. 그는 결혼 후에도 출신 성분의 한계를 뛰어넘기 위해 모든 전투의 선봉을 자원했고, 급기야 신라를 공격하는 전장에서 목숨을 잃었다. 신분의 벽을 뛰어넘는 삶을 살아온 온달의 야망이 좌절된 때문인지, 시신을 담은 관은 움직이질 않았다. 평양에서 평강공주가 달려온 후에야 관이 움직여 비로소 장사를 지낼 수 있었다고 한다. 이 전설이야 고구려가 이 지역에 갖고 있는 유난한 애착을 상징하는 것이겠지만 훗날 이야깃거리로 각색되어, 그 함의가 덮인 채 일반에 널리 알려졌다. 온달장군이 전사한 장소가 미륵대원에서 지척의 거리에 있는 단양 온달산성으로 고증됨에 따라 이 전설은 사실에 근거한 것으로 여겨진다.

아마도 이러한 전설들은 미륵대원이 불에 타 폐허로 변한 이후에 생겨났을 터인데, 나무로 된 전각이나 조형물들은 모조리 사라지고 잔해만 남은 폐허의 현장을 지켜보았을, 또 때론 그 현장에 참여했을 이 고을 민초들이 새 세상의 꿈을 그리고 스쳐간 비운의 영웅들을 그리워하며 하나 둘씩 이야기를 보태온 끝에 만들어졌을 것이다.

돌의 잔해만이 어지러이 널려 있는 미륵대원은 어쩌면 고대 한국 불교의 대표적인 석축사원일지도 모른다. 이곳에서는 송계 계곡 옆을 따라 내리달리는 경사지를, 석축

| 미륵대원 미륵불상은 그 온화한 표정과 얼굴에 세월의 이끼가 끼지 않는 신비로 유명한 불상이다. |

을 적당히 이용해 다듬어서 계단식 도량을 가꾼 공인의 지혜가 한눈에 들어오는데, 마치 고대 석축의 전시장을 보는 듯하다. 게다가 아마도 현재 미륵이 서 있는 자리로 흘렀을 계곡의 흐름을 인공의 힘으로 경내 한쪽으로 방향을 틀어 옮긴 것은 자연에 대한 순응과 인공적 변형을 적절히 구사하는 미의식의 정수라 해도 지나치지 않다.

건축가 김봉렬 교수는 그의 책 《앎과 삶의 공간》에서 미륵대원이 미륵불을 중심으로 시작되는 하나의 축선을 따라 좁고 길게 가람을 배치했음을 실측을 통해 밝히고

| 월악산 마애미륵이 마의태자의 모습을 본떠 조성되었다면, 중원 미륵대원의 미륵의 얼굴은 덕주공주의 모습을 본떴다고 전해진다. |

있다. 김 교수의 지적대로 지형적인 조건으로 이 같은 배치는 불가피했을 것이지만 본존불-팔각석등-5층석탑-돌거북-당간지주에 이르는 중요한 유물들의 위치가 일정한 비례 관계를 맺고 있는 데 주목할 필요가 있다. 본존불과 각 유물의 거리가, 석등까지 90척, 석탑까지 150척, 돌거북까지 270척, 당간지주까지 450척이라는 데서도 알 수 있듯이 유물들 사이에 30척을 기본으로 하는 일정한 비례가 적용되고 있다. 이는 미륵대원이 그저 지형 생긴 대로 적당히 가람을 배치한 것 같으면서도 왠지 모르게 정돈돼 있다는 느낌을 갖게 하는 비밀의 열쇠이다.

그러다 보니 널려 있는 돌부리 하나하나가 모두 예사롭지 않게 보이고, 제각각 강렬한 메시지를 보내고 있음을 알 수 있다. 이쯤 되면 미륵대원에서 인공과 자연의 경계를 따지는 것은 무의미하다는 것이 김 교수의 주장이다. 인공이 자연을 더 자연스럽게 만들고, 자연이 인공을 전폭적으로 수용하는 상생相生의 철학을 미륵대원의 가람 배치에서 다시 확인할 수 있기 때문이다.

새 세상이 열리는 날을 고대하듯 본존 미륵 주위에서 촉각을 곤두세운 채 좌선에 들어 있는 감실 안의 민초불民草佛 군상들 앞에 서면 벅찬 감동과 회한에 숨조차 제대로 쉬기 힘들다. 이는 필시 천 년 세월을 이어왔을 이들의 비원이 강렬한 에너지가 되어 가슴에 박히고 있기 때문이다.

| 그 모습이 누구의 얼굴을 본떴든 그것은 그리 중요한 문제가 아니다. 정작 중요한 것은 미륵불 앞에 서서 어떤 마음가짐을 갖느냐의 문제일 것이다. |

| 하늘재로 올라가는 길가엔 허리높이 가량 되는 불두가 방치되어 있다. |

월악산 미륵대원 **177**

| 꼭 어떤 상을 만들어야만 미륵인 것은 아니다. 두두물물 부처님이 없으니 저 울긋불긋한 수림 또한 미륵이다. |

미륵대원의 일주문이 있었던 지점이었을 위치에 누워 있는 거대한 당간지주석을 쓰다듬는 것을 끝으로, 발걸음을 덕주사 위쪽에 자리한 마애미륵을 향해 돌렸다. 덕주사에서 1.5킬로미터 더 올라간 곳에 위치한 미륵을 찾아 오르는 길목은 그대로가 천혜의 요새다. 군데군데 돌로 쌓은 축성이 둘러쳐져 있는 것은 과거 이 지역이 군사적으로 얼마나 중요한 요충지였는지를 보여준다.

진땀이 이마에 막 솟아오를 즈음 고개를 드니, 눈앞에 거대한 벼랑 바위가 달려들 듯 서 있었다. 아, 이것이 덕주공주가 오라버니를 그리워하며 벼랑에 새긴 그 거대한 마애불이구나! 모습은 미륵대원의 아름다운 미륵불과는 달리 강렬한 대장군의 얼굴이다. 저 얼굴의 주인은 누구일까? 전설대로 미륵대원을 세운 마의태자일까? 혹시 궁예나 견훤의 모습은 아닐까? 하기야 그 모델이 누구든 무슨 상관이겠는가? 새로운 세상을 건설하기 위해서는 힘이 필요했을 것이고, 따라서 당시의 민초들은 가슴 속에 간직하고 있던 미륵의 모습을 이토록 역동적으로 조각했을 테니.

덕주사의 마애미륵이 새 세상 건설을 위한 역동적인 움직임을 상징한다면, 미륵대원의 미륵은 그런 노력으로 마침내 완성된 새 세상의 평안함과 아름다움을 나타내는 것으로 보인다.

옛 중원인 충주의 두 미륵이 간직한 비밀을 나름대로 풀어내고 보니 하산하는 발걸음이 그렇게 가벼울 수가 없었다. 그런데 참으로 이상한 일이다. 언제나 미륵성지는 꼭 이처럼 비원을 간직한 땅이니 말이다. 좌절과 비원이 없다면 새 세상 건설의 원력, 즉 희망이 솟아날 수 없기 때문일까? 그래서 미륵의 성지는 하나같이 슬프고 비장한 역사를 간직할 수밖에 없는 것인가? 나름의 결론에 이르러서야 한결 가벼운 마음으로 귀경 길을 재촉했다. 차창 밖으로 광활하게 펼쳐진 충주 호수가 만들어내는 파장은 마치 헤엄치는 용이 만들어낸 궤적처럼 거칠다.

| 서산에는 오늘의 장인들 솜씨로는 도저히 흉내 내지 못할 미소를 머금은 마애미륵반가사유상과 그저 끌과 정으로 툭툭 쪼아 다듬어 세웠을 투박스런 마을미륵들이 뒤섞여 있다. 정교한 예술적 가치를 가진 미륵에서부터 투박한 조형의 마을미륵까지 다양한 미륵상들이 세속의 군상들처럼 부대끼며 어우러져 살아가고 있는 것이다. |

부처님 얼굴은
민초의 얼굴

서산의 미륵

'백제의 미소'로 널리 알려진 마애삼존불이 계신 곳, 서산은 전형적인 미륵의 마을이다. 마애삼존불의 오른쪽 협시보살挾侍菩薩인 미륵반가사유상이 아니더라도, 오랫동안 민중과 함께해온 미륵이 도처에 산재해 있고 민중들이 힘을 모아 매향을 하는 등 서산은 미륵성지로서의 요건을 고루 갖추고 있기 때문이다.

서산에는 오늘의 장인들 솜씨로는 도저히 흉내 내지 못할 미소를 머금은 마애미륵반가사유상과 그저 끌과 정으로 툭툭 쪼아 다듬어 세웠을 투박스런 마을미륵들이 뒤섞여 있다. 정교한 예술적 가치를 가진 미륵에서부터 투박한 조형의 마을미륵까지 다양한 미륵상들이 세속의 군상들처럼 부대끼며 어우러져 살아가고 있는 것이다.

| '백제의 미소'로 잘 알려진 서산마애삼존불. 오른쪽 협시보살인 마애미륵반가사유상은 바라볼수록 우리네 얼굴 모습을 떠올리게 한다. |

서산에 가면 제일 먼저 저 유명한 마애삼존불을 친견해야 한다. 그렇게 단정 지을 것이 있겠느냐는 견해도 있겠지만 마애삼존불이 없는 서산은 상상하기 어렵다. 어쩌면 서산은 마애삼존불이 있어 비로소 서산일 수 있는 것이리라.

누구든, 설사 신앙이 다르다고 하더라도 마애삼존불의 신비한 미소를 마주 대하면 절로 탄성이 솟고 고개가 숙여진다. 온화함이 지나쳐 신령스럽기까지 한 미소도 미소거니와, 도톰한 입술과 살진 얼굴은 이 땅에서 살다간 우리 조상의 모습 그대로다. 몇 해 전 국립중앙박물관에서 열린 〈백제전〉에 복원, 전시된 백제인의 얼굴을 이곳 마애삼존불에서 다시금 확인할 수 있다. 부처님의 얼굴은 지금 충청도에 살고 있는 민초들의 얼굴 그대로라고 해도 결코 지나침이 없는 것이다.

마애삼존불의 협시보살인 마애미륵반가사유상의 온화하고도 고뇌에 찬 미소는 보는 이의 마음을 차분하게 가라앉히는 힘을 가지고 있다. 그 표정은 영락없이 '언제 사바세계로 내려갈 것인가?'를 고뇌하며 도솔천에서 사바세계를 응시하는 듯하다.

미륵보살의 미소를 뇌리에 담아둔 채 방향을 틀어 20미터쯤 아래로 내려오다 보면, 길 오른편에 두 손을 모아 가슴에 붙인 석조 좌불이 있다. 그 좌불은 불교미술에 문외한이 보아도 금방 마을미륵의 정취를 느낄 수 있을 정도로 서민적인 표정을 하고 있다. 가부좌를 틀고 앉아 있는 불상이기는 하나 그 서민성에 경외감보다는 친근감이 앞선다.

반가부좌를 틀고 사바세계에 출현할 날을 고민하고 있는 도솔천 미륵보살을 어서어서 저자거리로 모시려는 옛 백제 민초들이 간절한 비원을 담아 조성했기에 마애삼존불의 턱밑에 세워놓은 듯하다.

| 서산마애삼존불 보호를 위해 설치한 전각.

| 해미읍성을 중심으로 동서남북에 각 4기가 자리하고 있다. 서북쪽 반양리에는 미륵장군으로 불리는 미륵이 서 있는데, 지금은 이곳에 절이 세워져 전각 안으로 모셔져 있다. |

　　마애삼존불이 있는 곳에서 더 바깥쪽으로 나와 왕복 2차선이 시작되는 길목의 초입에 이르면 장승미륵이 서 있는데, 이 미륵부터는 전형적인 백제 마을미륵의 맛을 느낄 수 있다. 예서 더 나아가 서산의 평야를 내달리다보면 무려 십여 기의 마을미륵이 곳곳에 산재되어 있는 것을 볼 수 있다.

　　이런 흐름들을, 도솔천(마애삼존불이 있는 곳)에 있던 미륵보살이 한 걸음씩 마을로 내려와 민중 곁으로 다가오는 일련의 과정이라고 표현한다면 지나친 상상일까. 문득, 나그네의 상상은 옛 백제시절로 치달려 오르고 있다.

　　이 고을 민초들은 마애삼존불의 협시 미륵보살을 친견하며 간절한 기도를 올렸다. 그들은 '언제 사바세계로 하생할 것인지를 도솔천에 앉아 고민만 하실 것이 아니라 하루라도 빨리 우리네 곁으로 달려오십시오.' 하는 치성을 드렸다. 먹고살기가 너무 힘겹고 이따금씩 왜구라도 침입해올라치면 약속이나 한 듯이 달려가 더욱 간절하게 용화세계를 발원했다. 이 정성들이 모여 고을 여기저기에는 미륵이 하나 둘씩 세워졌다.

서산의 중심가라고 할 수 있는 해미에는 비교적 완전한 형태로 남아 있는 읍성이 있다. 해미읍성으로 불리는 이곳은 우리 선조들이 새 세상을 꿈꾸며 일구어놓은 미륵성지이다. 읍성 부근에는 미륵신앙의 흔적이 여럿 남아 있다. 특히 읍내에 있는 매향비(미래에 미륵불이 하생할 때 향공양을 올리기 위해 미리 향나무 토막을 바닷가 갯벌에 묻고 그 기록을 남긴 비문)의 기록은 해미읍성이 어떻게 미륵과 연결되어 있는지를 알려준다.

읍성 동문 밖 방향의 황락리에 서 있는 미륵. 높이가 2미터를 넘는 장군 같은 미륵이다.

그 매향비를 찾기 위해 이리저리 수소문을 해보았지만 비의 위치를 아는 이가 없었다. 완연한 가을인지라 해도 순식간에 서산을 넘어가버렸다. 읍성 관리사무소 관계자조차 "매향비가 뭐냐? 매향비라는 게 있다는 말은 듣지 못했다."며 오히려 내게 되물을 정도여서 매향비 찾기를 미뤄야만 했다. 비록 실물을 보지 못했지만, 겨우 여섯 행만이 드문드문 판독된 서산 매향비의 비문 내용은 대략 이렇다.

고을의 남녀노소가 모두 모여 향을 바다 갯벌에 묻고 다음 세상에 미륵불이 하생하실 때 향공양을 올려…….

이 매향비의 기록대로, 서산의 매향은 보통의 경우처럼 국가나 왕실에서 주관한 것이 아니다. 570여 년 전에 세운 매향비의 설립 주체가 노인과 장년은 물론이고, 어린이와 유아까지 망라됐음이 밝혀진 것이다. 이 기록은 서산 매향비가 전형적인 조선의 마을매향임을 알려주고 있다.

조선 초기 유교를 숭상한 탓으로 불교가 몹시 어렵던 시절, 서산의 토착

| 조산리 미륵은 시멘트로 잘 다듬은 마당 위에 모셔져 있다. 마모상태가 심해 이 지역에서 가장 오래된 미륵으로 추정된다. |

민들이 한 마음이 되어 미륵세상을 꿈꾸었다는 것은 무엇을 의미할까? 마을미륵을 연구하는 학자들은 왜구의 잦은 침범으로 불안한 나날을 보내던 민초들이 미륵하생신앙에 귀착했던 것이라는 해석을 내놓고 있다.

해미읍에 매향비가 세워진 후 약 60여 년 뒤에 읍성이 지어졌는데, 흥미롭게도 성의 동서남북 사방에 마치 호위신護衛神처럼 미륵불상 4기가 세워졌다. 그 이유는 왜구의 침탈에 대한 두려움을 달래려는 민초들의 안간힘에 다름 아니다. 불안에서 벗어나기 위해 온 고을 주민이 모여 고통이 없는 용화세계를 염원하는 매향 의식을 올리고, 현실적으로는 읍성을 세워 안전을 기하는 동시에, 그것조차 미덥지 못해 사방에 미륵불을 세워 읍성을 보위하도록 기원하는 모습을 상상해 보라. 얼마나 순박하고 담백하며, 일면 가련하기까지 한 몸부림인가!

나는 해미읍성을 지키는 4기의 미륵을 찾아 발길을 재촉했다. 미륵의 위치를 제대로 아는 이 없어 애를 먹었지만, 연세가 지긋한 어른들과 동리의 아이들에게 묻고 물어 가까스로 그 위치를 찾아낼 수 있었다.

읍성을 중심으로 서북쪽 반양리에 위치한 장군미륵, 바닷가 방향인 남쪽 조산리 미륵, 읍성 동문 밖 북쪽 황락리 마을회관 뒤에 서 있는 중후한 미륵, 그

산수리 미륵은 음성 주위 4기의 미륵 중 가장 최근에 조성된 것으로 그 모습이 마치 이집트 조각처럼 이국적인 느낌을 준다.

리고 동쪽 한서대학 방향에 멀찌감치 떨어져 있는 산수리 미륵을 찾아내는 데만 한나절이 빠듯했다.

 반양리 장군미륵은 한 비구니의 원력으로 미륵사라는 절이 창건되어 그나마 대접을 받고 있었지만, 나머지 미륵들은 길가나 마을 귀퉁이, 산기슭 한 구석 등에 버려진 듯 방치되어 있었다. 그 미륵들의 몸체를 어루만질 때마다 사람의 손처럼 따뜻한 기운을 느끼지 못했더라면 서글픈 눈물을 주체하지 못하였을 것이리라.

 그러나 지금은 미륵 출현을 염원했던 조상의 염원은 흔적 없이 사라지고, 시나브로 서양 종교의 성지가 되어 성전 건립을 추진하는 움직임만 활기를 띠고 있어 씁쓸하다. 비록 지금의 모습에서 무상을 느끼게 한다고 해도, 미륵의 성지는 마땅히 찌들고 힘겨운 삶에 지쳐 있는 민초들에게 새로운 희망을 안겨주는 역동적인 성지로 남아 있어야 마땅하다. 오늘의 중생들 역시 몹시 지쳐 있음이 분명하고, 따라서 당

| 마을에서조차도 미륵의 존재를 아는 이는 드물다. 민초에게서 멀어져버린 미륵. 이 미륵이 민초들과 다시 더불어 사는 날 용화세계도 현실로 다가올 것이다. |

연히 미륵을 그리워할 수밖에 없기 때문이다.

　새로운 세상을 기다리는, 지친 중생들은 지금이라도 채비를 차려 가까운 곳의 미륵을 찾아 나설 일이다. 선조들의 비원이 담긴 미륵을 친견하며 새롭게 꿈과 희망을 가져볼 일이다. 미륵이 땅 속에서 솟아오르듯 "땅에서 쓰러진 자 땅을 짚고 일어서라."라는 역동적인 서원을 세워볼 일이다.

　미륵을 찾아 떠나려는 이 있거든, 그 첫 번째를 바라보는 것만으로도 마음이 편해지는 서산의 마애미륵보살로 정하기를 권한다. 미륵반가사유상을 만난 후 서민적 분위기 물씬한 마을미륵을 하나하나 돌아보며 새 세상 건설을 염원했던 선조들의 비원을 되새겨 본다면, 모르긴 몰라도 답답함이 일순 사라지고 희망과 의욕이 다시금 솟구쳐 오를 것이니.

| 월출산을 중심으로 형성된 미륵신앙은 말 그대로 민간, 즉 민초들의 염원에 의해 자연발생적으로 형성된 신앙 형식의 표본이다. 이곳에는 미륵을 논함에 있어 으례 등장하곤 하는 궁예나 견훤은 없다. 다만, 텁텁한 얼굴의 미륵부처님과 해안마을에 드문드문 세워진 매향비에 소박한 민중들의 삶이 한숨과 함께 전해내려올 뿐이다. |

미륵의 고향,
민초의 희망

영암 월출산

　　　　　　　　　　달이 엉금엉금 산기슭을 기어오른다. 허어, 그것 참, 볼수록 기묘한 광경이다. 삐죽삐죽 톱니바퀴 모양으로 솟아오른 능선은 어느새 타오르는 달빛이 되어 하늘이 되었다. 달빛이 이글거리는 불꽃으로 변해 하늘로 파고드는 산! 그래서 그 이름을 월출月出이라고 한 모양이다.

　월출산과 월출을 안고 있는 영암고을에는 그 구비마다 미륵의 기운이 어리지 않은 곳이 없다. 산마루에서 계곡 언저리를 지나 산 아래 마을에 이르기까지 어디에든 미륵이 즐비하다.

　이 고을에 미륵이 가득한 이유는 무엇일까? 영암고을 중심으로 강진, 장흥 등 호남의 곡창 지대에 우뚝 선 때문이기도 하지만, 그 생김새가 금강산을 빼박은 듯 닮아 신령함을 한껏 풍기는 탓도 있으리라. 그리고 보면 월출산이 남도 민간신앙의 메카로서 일찍감치 자리를 잡은 것은 산이 생겨날 때부터 타고난 운명이라 해도 좋을 것이다.

| 월출산은 능선의 기기묘묘함으로 유명한 곳이다. 그 때문인지, 사람들은 월출의 바위를 신비한 바위라고 불렀다. |

    곡창 지대에서 필연적으로 빚어질 수밖에 없었을 소작인과 대지주 사이의 갈등, 그리고 빈부격차에서 오는 민초들의 상실감, 바다에 인접한 지정학적 여건으로 숱하게 겪었을 왜구의 침탈, 희망을 무너뜨리는 온갖 형태의 구조적 모순, 그리고 그런 것들이 주는 시련, 이런 것들로 인해 지칠 대로 지친 민초들이 어찌 평야 가운데에 솟아오른 신령한 산에 몸과 마음을 의지하지 않을 수 있었겠는가?

    월출산에 서서 민초들의 애환을 어루만져 주고 있을 미륵을 찾아 길을 나섰다. 월출산이 가까워 올수록 언젠가 오르리라고 결심했던 기암절벽 생각에 가벼운 흥분마저 일어나고 있었다.

    광활하게 펼쳐진 남도의 곡창 지대를 가로지르는 국도의 양편에는 농부들의 피땀이 밴 전답이 양탄자처럼 자리하고 있었다. 그 사이를 가로질러 한참을 달려가니 이윽고 저 멀리에 신이한 월출의 모습이 시계로 들어왔다.

보는 것만으로도 신령스러운 산, 월출. 금강산의 산신이 다시 내려와 일부러 빚어내지 않았다면 어찌 저런 오묘한 자태가 가능할 것인가? 석양 어린 월출에는 바위 불꽃이 치솟고 그 기운은 하늘을 꿰뚫었다.

풍수학자 최원석이 《법보신문》에 기고한 글에서 월출을 "지장地藏의 깊은 살에 돋아 있는 바위들은 부처의 뼈佛骨가 뉘 아니며, 맑다 못해 푸른 물빛 도는 산 기운은 불신佛身의 서기瑞氣가 아니고 무엇이랴?"라고 표현한 것을 빌리지 않더라도 이곳이 예사로운 산이 아님은 두말할 필요가 없다.

산의 정상을 향해 발길을 옮겼다. 민간신앙의 메카가 될 수밖에 없는 산임을 웅변하는 칠치 계곡을 지나 용암사 터에 있는 마애미륵(국보 제144호)을 친견하기 위함이다. 두어 되는 족히 될 비지땀을 쏟아낸 뒤에야 절터에 올랐다. '그래, 저기 저 부처님이다. 과연 월출의 대표 미륵답게 장엄한 자태로구나.' 가쁜 숨을 고르고는 지극한 마음으로 합장삼배를 올렸다. '이 부처님은 그동안 얼마나 많은 민초들의 애환을 지켜보았을까? 저 미소를 천 년 동안 변함없이 간직해오고 있다니.' 나그네의 고개가 저절로 숙여졌다.

| 풍수학자 최원석은 월출을 일러 "맑다 못해 푸른 물빛 도는 산 기운은 불신의 서기가 아니고 무엇이랴"고 칭찬했다. |

월출산에는 절이 많다. 무위사無爲寺와 도갑사道岬寺 등 이름난 절을 비롯하여 법화종 절이 들어선 인근의 천황사지, 월남사지 등 대찰터가 곳곳에 남아 있다. 선각종 옴천사라는 신흥종파의 총본산도 최근 이곳에 자리를 잡았다. 나는 이들 사찰 중 미륵불을 모시고 있는 무위사와 도갑사로 발길을 재촉했다.

마을미륵신앙의 성격이 짙은 월출산의 절이

라서 그런지 무위사와 도갑사의 미륵은 그 양태부터가 지극히 서민적이다. 부처의 몸체와 광배가 통돌인 것도 공통된 특징이다. 이 중 무위사 미륵은 차라리 시골 아낙이라 해야 어울린다. 서민적이고 친근한 모습이 여염집 아낙네와 딱 닮았다. 미륵 순례 1년여 만에 비로소 마을미륵의 정수를 만났다는 기쁨에 쉽게 발길이 돌려지지 않았을 정도이다. 두툼한 입술, 가분수의 형상이지만 안정감을 잃지 않은 몸매, 그리고 한쪽 어깨를 좁게 만들어 움직일 듯 생동감을 슬쩍 불어넣은 저 조각기법이란! 대가에 의해 철저하게 계산된 후 조각된 마애불이 아니기에 더욱 아름다운 것인지도 모른다.

무위사를 거쳐 도갑사를 향해 달렸다. 도갑사는 우리 풍수의 시조격인 도선국사의 탄생지답게 문외한의 눈에도 명당 중의 명당이다. 아마도 도갑사에서도 최고의 명당자리는 미륵전일 것이리라. 이곳은 미륵전 왼편 위쪽으로 월출산의 기묘한 바위가 한눈에 들어오고, 정면으로는 잔잔한 산자락으로 휘감긴 채 펼쳐져 있어 보는 이의 마음이 절로 포근해지며 가라앉는 것이 예사 자리가 아니다.

무위사의 아낙 모양의 미륵과는 대조적으로 도갑사의 미륵은 남성다운 기상을 갖춘 호쾌한 표정을 하고 있다. 그 모습이 힘차고 당당해 앞에 서면 저절로 고개가 숙여지고 자연스럽게 오체투지를 하게 되었다. 그리고는 가까이 다가가 옷자락을 만지고 싶은 충동이 느껴졌다. 그것은 아마 천 년 세

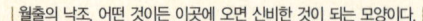
| 월출의 낙조. 어떤 것이든 이곳에 오면 신비한 것이 되는 모양이다. |

월을 두고 고통을 하소연해온 민초들의 애환이 거기에 담겨 있기 때문이리라.

민간 미륵신앙의 메카 월출산을 중심으로 광활하게 펼쳐져 있는 평지의 끝, 해안에서 발견된 매향비는 월출산을 중심으로 한 이 고을이 타고난 미륵성지임을 입증해 주는 또 다른 근거이다. 영암을 중심으로 인근의 강진, 장흥은 태고부터 미륵성지가 될 운명을 타고난 고을이라는 이야기다. 전국적으로 불과 12기가 발견된 매향비 중 이곳 영암 땅에서만 3기가 발견된 것은 이 고을의 민중성을 웅변으로 알려주고 있다.

월출산을 중심으로 형성된 미륵신앙은 말 그대로 민간, 즉 민초들의 염원에 의해 자연발생적으로 형성된 신앙 형식의 표본이다. 이곳에는 미륵을 논함에 있어 으레 등장하곤 하는 궁예나 견훤은 존재하지 않는다. 텁텁한 얼굴의 미륵부처님과 해안 마을에 드문드문 세워진 매향비에 소박한 민중들의 삶이 한 서린 한숨과 함께 전해 내려올 뿐이다.

| 월출산 꼭대기에 미륵을 새긴 옛 민초들의 비원은 무엇이었을까. 평등 세상을 갈구하는 그들의 바람이 월출의 바위돌을 부처로 변화시켰을 것이다. |

남해 바다와 인접한 장흥고을의 삼십포 앞 언덕배기의, 1천 명이 함께 원을 세워 향을 묻었다는 기록이 있는 매향비(1434년)의 글씨는 매우 서투르고 투박하다. 영암 미암면 채지리의 무덤 군 옆에 초라하게 세워진 매향비(1430년)에는 형제가 힘을 모아 세웠다는 기록이 다소 엉성한 필체로 남아 있다. 이렇게 이곳의 민중들은 때로는 동네 사람들이 모두 힘을 모아, 때로는 한 가족이 소박하게 개펄에 향을 묻고 미륵하생을 염원했던 것이다.

영암 월출산

| 보는 것만으로도 당당한 자태이다. 이보다 믿음직한 것이 또 있으랴. 이래저래 월출의 미륵은 민초들의 영원한 의지처일 수밖에 없다. |

　꼭 미륵이 아니더라도 영암은 신령스런 고을임에 틀림없다. 영암 즉 신령한 바위에 얽힌 다음의 전설은 이 고을 민초들의 월출산에 대한 경외심을 잘 보여주고 있다.

　임진왜란 당시 왜병들이 이 고을에까지 쳐들어왔다. 왜병들은 신기한 형상을 한 월출산을 보고 시샘을 내 산 꼭대기에 있는 바위 3개를 아래로 굴러 떨어뜨렸다. 산의 신령스런 정기를 훼손해보려는 심산이었다. 그런데 왜병이 돌아간 후 신기한 일이 벌어졌다. 아래로 굴러 떨어진 바위 중 한 개가 스스로 산 능선을 거꾸로 올라가 다시 제 위치로 돌아간 것이다. 놀란 마을 사람들은 이 바위를 신령스러운 바위, 즉 영암靈岩이라고 불렀다.

이 전설에 나오는 영암은 어떤 것일까? 월출산을 향해 이리저리 손가락질을 하며 영암을 찾는다. 보이는 것마다 다 신령스러우니 어리석은 중생의 안목으로 영암을 골라내기는 불가능하다. 그러나 영암을 찾아내지 못한들 그게 무슨 대수이겠는가? 월출산의 모든 바위가 다 영암인 것을.

월출산을 뒤로하고 귀경을 위해 목포 공항을 향했다. 일에 매인 몸인지라 늘 시간에 쫓기기 마련이다. 하루가 다르게 실직자가 늘어가는 시절, 바쁜 것이 사치로 들린다는 말이 통용되는 시절을 사는 오늘의 민초들도 참으로 고달픈 인생이다. 그리고 보면 오늘의 민초들과 옛날 새 세상을 갈구했던 선조들은 비슷한 처지인 셈이다.
    월출산을 빠져나오다가 고개를 돌려 다시 월출산을 바라보았다. 산 정상 조금 못 미쳐 톱니 모양의 바위가 만든 산마루에 엉거주춤 올려 있는 바위 하나가 석양으로 인해 한층 뚜렷해진 실루엣으로 유독 시선을 끌었다. '혹시 저 바위가 아닐까, 그 신령스럽다는 바위(영암)인가?'
    그러나 이내, 스스로 부끄러움을 느꼈을 뿐이다. 월출의 모든 바위가 영암임을 깨달은 지 채 10분도 지나지 않아 또다시 분별하는 마음을 내다니. 시시각각으로 변하는 마음에 이끌리듯 살아가고 있는 것에 겸연쩍은 미소를 머금었다.

| 익산은 미륵사상을 국가경영의 이념적 토대로 삼은 백제의 '신앙적 수도'라 해도 크게 틀리지 않다. 이곳은 불교적 지도윤리로 미륵이 주재하는 용화세계를 현세에서 이루고자 했던 무왕武王의 간절한 염원이 담긴 미륵사지가 소재한 곳이다. 따라서 익산은 옛 백제의 으뜸 미륵성지인 셈이다. |

용화세계를 향한
염원을 담아
익산의 미륵

익산은 미륵사상을 국가경영의 이념적 토대로 삼은 백제의 '신앙적 수도'라 해도 크게 틀리지 않다. 이곳은 불교적 지도윤리로 미륵이 주재하는 용화세계를 현세에서 이루고자 했던 무왕武王의 간절한 염원이 담긴 미륵사지가 소재한 곳이다. 따라서 익산은 옛 백제의 으뜸 미륵성지인 셈이다.

잃어버린 백제의 역사를 증언이나 하듯 익산에는 수많은 유적지가 남아 있다. 미륵사지를 비롯하여 사자사지, 연동리 석불좌상, 왕궁리 5층탑 등은 익산이 공주, 부여와 함께 백제 문화의 중심지였음을 알려준다. 백제 복원의 기치를 높이 들었던 이들의 활약지이기도 했던 익산은 외세를 앞세운 신라의 공격에 의해 무너진 쓰라린 역사를 간직하고 있다.

| 익산에는 황량하다는 느낌까지 주는 거대한 절터, 미륵사지가 위치해 있다. |

    익산 인터체인지를 통과해 잠깐 달리면 황량하다는 느낌마저 드는 거대한 절터가 나타난다. 바로 이곳이 반파半破된 석탑(국보 제11호, 서탑)이 물위에 떠 있는 듯 자리하고 있는 미륵사 터이다(지금은 해체 보수 관계로 탑을 볼 수 없는데, 이 글은 필자가 방문했던 시점을 기준으로 한 것). 원래 큰 못이 있던 자리였기 때문인지는 몰라도 산중턱이라고는 생각할 수 없을 만큼 잘 정지된 터 위에 있는 탑은 영락없이 물 위에 두둥실 떠 있는 형국을 하고 있었다.

    삼각형 모양을 한 미륵산 자락 아래 펼쳐진 절터를 휘도는 바람결이 유난히 스산했다. 새로 조성한, 그래서 어설퍼 보이는 미륵사 동탑東塔에 매달린 풍경만이 소란

을 피우며 대가람의 적막을 깨고 있었다.

'옛 사람들은 어떻게 저 큰 돌을 들어올려 탑을 쌓았을까? 그때 중장비가 있었던 것도 아니고, 참 대단해.' 탑을 돌아보며 감탄사를 연발하는 시민들의 두런거림을 흘려들으며 나는 마치 맞선 자리에 나온 예비 시어머니의 눈매를 하고는 탑신을 살폈다. 시멘트 콘크리트를 바른 일제의 졸속 복원으로 흉물스럽기까지 한 서탑은 해체 복원이 한창 진행중이었다. 불안정한 모습이나마 볼 수 없게 되었다는 안타까움에 두 눈을 부라리고 탑터을 살펴보았다. 혹시나 석재에 손상이 가지나 않을까 비질하듯 돌을 다루는 복원 전문가들의 모습이 몹시 조심스러웠다.

미륵사 서탑 옆에는 동물모양의 작은 석상이 하나 자리해 있다. 1천 3백여 년 동안 탑 귀퉁이에서 성소를 지켜왔을 이 괴수는 두 손을 가지런히 모은 채 오가는 사람들을 맞이하고 있다. 이 석수의 자태는 보면 볼수록 마을의 초입에서 흔히 볼 수 있는 마을미륵을 연상시킨다. 그 조성연대를 감안하면 가히 마을미륵이나 석장승의 시원이라 부를 만하니 이 또한 예사로운 물건이 아니다. 오랜 세월 풍화에 씻기고 깎여 지금은 윤곽만이 어렴풋이 남아 있지만 마치 '내가 원조 마을미륵이니 눈이 있는 자 탑만 보지 말고 나에게도 경건한 합장을 올리세요.' 라며 소곤대는 듯했다.

떡 주무르듯 돌을 주물러 목탑모양으로 지은 정교한 석탑의 귀퉁이에 이토록 소박한 자태의 괴수라니! 일견 어울리지 않을 수도 있으나 달리 생각하면 미륵사가 왕실의 원찰만이 아니라 민중의 염원까지도 함께 아울렀던 성지임을 말해주는 것일지도 모른다.

| 새롭게 조성된 미륵사 동탑. 못에 비춰진 모습이 매우 아름답다. |

당우堂宇가 모두 사라진 절터를 참배할 때마다 느끼는 것이지만, 미륵사 터가 주는 감상 또한 황량하기는 매한가지다. 그 때문인지 백제 사원의 전형인 1탑 1금당 방식의 확대변형인 3탑 3금당의 독특한 구조, 호위병의 그것처럼 금당을 에워싸고 또다시 성벽처럼 도량을 감싼 회랑 자리를 거니는 감회는 착잡하다.

법왕의 아들 무왕은 그의 어머니가 서울의 남지南池라는 못 둑에 절을 짓고 홀어미로 살다가 그 못의 용과 교통하여 태어났다. 출생부터가 신비롭기는 했지만 그로 인해 무왕은 비천한 출신으로 대접을 받았다. 그의 어릴 적 이름은 서동薯童이었는데, 재능이 뛰어나고 도량은 헤아릴 수 없을 만큼 넓었다. 그는 평소에 마薯를 캐어 생업을 삼았기 때문에 서동이라 불렸다. "선화善花 공주님은 남몰래 시집가서 서동이를 밤이면 안고 간다"는 동요를 지어 아이들에게 부르도록 시켜 신라 진평왕의 셋째 공주 선화를 꾀어냈다.

위의 글은 《삼국유사》의 무왕 관련 기록의 일부이다. 서동이 바로 무왕이고, 용과

교접을 해 태어났다는 표현은 토착 세력과, 왕권 세력의 대표 서동의 결합을 상징하는 것으로 해석된다. 또 이 기록은 무왕이 태생적으로 불교, 특히 미륵신앙과 깊은 관련이 있음을 보여준다. 이는 미륵사의 창건설화에서도 잘 나타난다.

하루는 무왕이 부인과 함께 사자사獅子寺로 가고저 용화산 밑 큰 못가까지 왔더니 미륵불 셋이 못에서 나타나므로 왕이 수레를 내려 치성을 드렸다. 부인이 왕에게 말했다. "이곳에 꼭 큰 절을 짓도록 하세요. 저의 진정 소원입니다." 왕은 이를 승낙하고 지명知明법사를 찾아가 못을 메울 일을 물었더니 법사가 귀신의 힘으로 하룻밤 사이에 산을 무너뜨려 못을 메웠다. 그리고 미륵불을 모실 전각과 탑과 행랑채를 각각 세 곳에 짓고 미륵사라는 현판을 붙였다. 진평왕이 백 명의 장인을 보내 도와주었으니 지금도 그 절이 남아 있다.

못에서 출현한 미륵이라! 이는 용신앙, 다시 말해 미르(미리, 용)신앙과 미륵신앙의 절묘한 연결을 보여준다. 우리민족 고유의 용신앙과 불교의 미륵신앙이 성공적으로 융합하는 전형을 보여준 설화가 바로 이것이다.

땅에서 솟는 미륵과 바다에서 솟구치는 미륵의 예는 익히 알고 있는 것이지만, 이곳에서는 못에서 나온 미르가 마침내 미륵의 현신이 되어 금당에 우뚝 솟는, 실로 드라마틱한 광경이 연출되고 있는 것이다. 절 뒤 미륵산의 원래 이름이 '용화'였음을 감안한다면 이곳은 처음부터 하늘이 점지한 미륵성지라 해도 좋으리라.

알다시피 백제는 고구려 계통의 유민들이 남하해 형성된 국가이

| 이 절터는 본래 커다란 연못이었는데, 그곳을 메워 절터로 삼았다. |

| 미륵사의 규모는 탑 터의 크기만 보아도 짐작이 가능할 정도로 엄청나다. 탑 터가 어지간한 대찰의 금당지보다도 넓다. |

다. 따라서 자연스럽게 백제의 문화는, 주로 유교의 영향을 받았던 고조선 이주민들이 형성한 마한 문화를 모태로 하여 탄생했다고 추정할 수 있다. 이런 추정에 따른다면, 백제의 지도 윤리는 일찍부터 유교적 경향이 짙을 수밖에 없었다. 그러나 무왕의 아버지인 성왕 대에 이르러 불교의 영향이 확대되면서 이런 흐름에 변화가 나타나기 시작했고, 특히 무왕 때에 변화의 속도가 더 빨라지면서, 미륵사 창건이 시작됐다는 것이 학계의 분석이다.

그러고 보면 미륵사는 우리 민족의 토속신앙인 용신앙과 불교신앙, 유교 문화와 불교문화의 융섭이라는 문화사적 의의가 깃든 곳이기도 하다.

당시의 백제 민중들은 무왕이라는 지도자를 중심으로 미륵의 세상을 구현하고자 했다. 미륵삼존불을 세운 것이나, 중앙 금당의 바닥 밑에 지하공간을 마련함으로써 거대한 못의 주인이던 용의 공간을 따로 마련해둔 것은 모두가 미륵불이 사바세계에 하생해 세 번의 설법을 통해 용화세계를 건설해줄 것이라는 염원의 애틋한 상징이라고 할 수 있겠다.

나는 광활하고 편편한 미륵사 터를 거닐었다. 당시의 측량 기술로 어떻게 이렇게 넓은 땅을 평평하게 정지할 수 있었을까를 골똘히 생각해본다. 내 학부과정 전공이 토목공학인지라 이 분야에 대한 다소의 알음알이가 바탕이 되어 그럴듯한 상상의 나래를 펼쳐보았다. 불현듯 어쩌면 도량의 마당 위에 일정한 깊이의 물이 호수처럼 넓게 펼쳐져 있었을지도 모른다는 생각이 뇌리를 스치고 지나갔다.

'그래, 이 도량의 평평한 마당에 물을 가득 채웠을 지도 몰라. 마당에 물이 고르게 퍼져 마치 절이 못 위에 떠있는 것과 같은 "물 위의 사원"을 백제의 민중들이 건설했을지도 모르지.' 상상의 나래는 예서 머물지 않는다. '원래 이곳은 큰 못이었다고 하지 않던가. 메워진 흙도 《삼국유사》의 기록처럼 산 흙으로 이미 확인이 되었고. 그러니 이곳에 살던 용과 민초들 앞에 미륵의 모습으로 우뚝 선 미륵불과의 통로가 필요했을 것이야. 다시 말해 용과 미륵의 불이적不二的 연관관계가 물 위에 지은 사원이라는 독특한 형식으로 형상화되었는지도 모르지. 금당 아래에 용의 거처로 보이는 지하공간을 마련한 것이 그 증거가 아닐까?'

도량 가장자리로 달려가 유구(배수로)를 살펴보기로 했다. 나의 상상력이 사실이라면 분명히 도량의 물 수위를 조절하기 위한 상당한 규모의 배수로가 절 가장자리에 설치되어 있을 것이다. 아니나 다를까 절 가장자리에는 큰 규모의 유구가 설치돼 있었다. 막상 유구를 발견했을 때의 기쁨을 표현하기란 쉬운 일이 아니었다.

백제 도읍설이 생겨날 정도로 유적지가 산재한 익산에는 많은 미륵성지가 남아 있다. 미륵사 터에서 금마 방향으로 가다 보면 미륵산이 가깝게 보이는 동고도리라는

| 이곳에 들면 과거로의 시간여행을 하는 듯한 기운이 느껴진다. 복원된 미륵사지 탑 내부에서 바라다 본 바깥풍경. |

마을 한가운데 미륵 2기가 마주보며 당당하게 서 있다. 때마침 미륵 앞에서 기도를 드리고 있는 한 비구니와 두 여인이 눈에 띄었다. 오늘날에도 동고도리 미륵이 여전히 마을미륵의 역할을 충실히 수행하고 있음을 보여준 것이다. 동고도리의 두 미륵은 곧잘 부부미륵으로 불리는데, 이들의 아름다움은 일출과 월출에서 그 백미를 발견할 수 있다. 아침 해가 동쪽 미륵의 머리 위로 솟아오르고, 저녁 무렵이면 서쪽 미

륵의 뒷산에서 달이 떠올라 그야말로 장엄한 광경을 연출하기 때문이다.

　동고도리의 바로 인근에는 백제탑의 전형으로 유명한 왕궁리 5층탑이 언덕 위에 날아갈 듯 날렵하게 서 있다. 미륵사 석탑의 모형을 닮은 5층 석탑은 미륵사의 서탑만큼이나 위풍당당한 몸체를 자랑하고 있다. 왕궁리 탑을 대하니 '미륵사 탑이 원래 모습대로 남아 있다면 얼마나 아름다울까?' 하는 아쉬움이 못내 뇌리를 떠나지 않았다.

　왕궁리 절터 발굴이 마무리되면 이곳 익산 땅이 기원전 2세기 경 고조선의 준왕이 남하해 마한을 세우고 정한 도읍 터였는지, 아니면 백제 무왕이 세운 또 하나의 도읍이었는지, 또는 견훤이 세운 후백제의 도읍이었는지가 밝혀질 수도 있을 것이라고 이 지역 문화계에서는 기대하고 있다. 실제로 이곳이 도읍지였음을 입증할 만한 유물이 발견돼 화제가 되기도 하였다.

　무왕과 선화공주의 무덤으로 추정되는 쌍릉을 돌아보니 어느덧 해가 서산 줄기에 걸렸다. 잊혀진 옛 도읍에서 유서 깊은 문화도시로 거듭나기 위해 미륵사 터와 왕궁리 터 발굴이 한창인 익산의 분위기는 저녁 무렵인데도 비교적 활기찼다. 그러나 절을 다시 짓고 탑을 세우는 것이 뭐 그리 중요하랴. 절과 탑을 다시 세우고 관광객을 유치하는 것보다 먼저 갖추어야 할 것은 그 옛날 새 세상 건설을 꿈꿨던 선조의 간절한 염원을 마음 속 깊이 새기는 것일 터인데.

　익산을 떠나며 오늘날을 사는 민초들의 삶과 생각을 되돌아보았다. 너나없이 염원을 상실한 시대를 살고 있다는 자괴감이 밀려왔다. 탐욕보다는 정신을 추구하는 이가 많아지는 것이 곧 미륵세상을 앞당기는 것임을 아는 이가 점차 줄어드는 요즘 세상이 안타깝기 짝이 없다.

| 지금 절은 사라졌으나 제법 규모 있는 석축이 남아 있어 옛 위용을 짐작케 한다. 거대한 석축 군과 함께 나뒹구는 석재들이 세월의 무상함을 상징해 주고 있었다. 그 처참한 실패를 상징하는 그 아린 흔적들. 한때 민초들로부터 문수보살의 화신으로, 미륵부처로 숭앙됐던 신돈의 고향은 그의 몰락과 함께 이렇게 폐허로 남아 있다. |

꿈의 나라,
미륵의 나라

창녕 옥천사 터

미륵이 하생하여 세 번 설법함으로써 이루어지는 세상이 용화세계이다. 그 세계가 얼마나 대단한 것이기에 우리의 선조들은 그토록 오랜 세월 동안 심신을 다 바쳐 염원했던 것일까? 《미륵하생경》에 나타나 있는 용화세계의 모습은 이러하다.

오랜 세월이 지난 뒤 이 세계에 계두성鷄頭城이란 큰 도회가 생길 것이다. 그 나라의 땅이 기름지고 풍족하여 많은 사람과 높은 문리로 거리가 번성할 것이다. 저때 염부제의 땅 넓이는 동서남북이 십만 유순이나 될 것이며 산과 개울과 절벽은 저절로

| 신돈의 최후처럼 창녕 옥천사 터는 폐허로 남아 있다. 절터였음을 알 수 있는 흔적만이 몇 점 버려져 있을 뿐이다. |

무너져서 다 없어지고, 다해의 물은 각각 동서남북으로 나뉘느니라. 대지는 평탄하고 거울처럼 맑고 깨끗하며, 곡식이 풍족하고 갖가지 보배가 수없이 많으며, 마을과 마을의 닭 울음소리가 서로 접하여 있느니라. 이때에 아름답지 아니한 꽃이며 과실의 나무는 말라서 없어지고, 추하고 악한 것이 또한 스스로 소멸하여 땅에 피어나느니라. 기후가 화창하고 적당하여 사시의 계절이 순조로우므로 사람의 몸에 여러 가지 질병이 없으며, 탐하는 마음과 성내는 마음, 어리석은 마음이 커지지 아니하고 은근하여서 사람이 평등하여 모두 한 가지 뜻으로 서로를 보게 됨에 기쁘고 즐거워하며, 착한 말로 서로 오가는 뜻이 똑같아서 차별함이 없느니라. 이때에 사람들이 온갖 재물 보배를 일컬어 서로 말하기를, 옛날에 사람들이 이것으로 말미암아 서로 싸우고 죽이며 잡혀가고 옥에 갇히고 무수한 고통이 있었는데 이제는 부귀가 쓸모없는 돌 조각과 같아서 아끼고 탐하는 사람이 없게 되었다 하더라.

이렇듯 용화세계란 자연재해가 없고, 생산의 조건이 쾌적하게 바뀌며, 추하고 악한 것은 사라진 세계를 말한다. 또한 계급과 재산소유가 소멸하고 서로를 차별하지 않는 평등사회, 네 것 내 것을 가리지 않는 공동체가 구현된 사회를 의미한다. 가히 계급과 빈부 격차라는 질곡에서 고통받아야 했던 민초들에게 용화세계는 꿈에 그리는 세상이었다.

우리의 역사에서 생미륵生彌勒, 즉 살아 있는 미륵으로서 민중들로부터 추앙을 받았던 대표적인 인물로는 궁예와 묘청, 신돈 등을 들 수 있다. 셋 모두 승려이며, 기득권 세력이 아닌 민중을 세력 기반으로 했고, 북벌을 중시했다는 공통점을 가지고 있다. 이 중 궁예와 신돈에 관한 기록은 특히 왜곡된 것이어서 기록만으로는 그들의 진면목을 제대로 알 수 없는 게 현실이다.

고려 말 과감한 개혁정치를 통해 민초들의 한을 풀어주었던 신돈은 사악하고 기괴한 행동을 한 파계승으로 알려져 있는데, 요즈음 그에 대한 새로운 해석이 하나 둘씩 나타나고 있어 흥미롭다. 그러나 그런 일련의 시도에도 불구하고 그의 부정적 이미지를 불식시키는 데는 여전히 많은 한계가 남아 있다.

정사의 기록과는 달리 신돈은 당시 민중에게 큰 칭송과 존경을 받았던 고승이요, 미륵으로 받들어졌던 것으로 보인다. 그를 요승妖僧으로 그리고 있는 정사에서조차 신돈이 전민변정도감田民辨整都監을 설치해 기득권 세력이 독점한 부를 민초들에게 되돌려주었다고 기록하고 있는 것을 보면 신돈의 참 모습을 추적해 가는 일은 어쩌면 왜곡된 역사를 바로잡는 일일 수도 있으리라.

소설적 상상력이 가미된 것이기는 하지만 소설가 김성동은 자신이 쓴《미륵의 세상 꿈의 나라》에서 신돈에 대해 다음과 같이 의미 있는 기술을 하고 있다.

나날의 지옥 같기만 한 중생들의 삶과는 관계없이 지배자들에게 아부·아첨하여 그들이 던져주는 밥찌꺼기나 핥아먹는 호권불교로 스스로의 지위를 떨어뜨린 고려 귀족불교의 반민족적·반인민적 해악을 뒤집어 민족과 인민의 기둥으로 불교를 다시 우뚝 세우고자 했던 스님이 있었으니 편조遍照 비구가 바로 그 사람이야. 두루 편, 비칠 조. 편조법계제중생遍照法界諸衆生이라는 장엄염불莊嚴念佛의 한 자락처럼 시방세계의 중생들에게 앞길을 밝혀주는 등불이 되겠다는 간절한 서원을 담고 있는 이름이지.

| 군데군데 남아 있는 돌조각, 석축의 흔적들은 이 절의 옛 위용을 짐작케 하는 소중한 유산들이다. |

지나치게 단정적인 어투이기 하지만 이 글은 역사를 보는 새로운 시각을 제시하는 데 부족함이 없다. 논을 갈고 부치는 사람이 농토를 소유해야 한다는 원칙에 따라 쟁기 든 농민에게 골고루 토지를 나눠줘 경제적 평등을 이루고, 노비를 해방시켜 사회적 자유를 구현함으로써 마침내 인간해방의 세상, 즉 새로운 세상을 이루고자 했던 것이 신돈의 정책이었음을 감안하면 그야말로 가장 구체적으로 새 세상 건설에 나섰던 인물이라 해도 과언이 아니다.

신돈은 영산인靈山人으로, 모母는 계성현桂城縣이고 옥천사玉川寺의 종이다. 어려서 중이 되어 이름은 편조遍照, 자는 요공耀空이라고 하였다. 모가 천하므로 그 무리에 참여하지 못하고 항상 산방에 거처하였다.

신돈의 출생연도에 대해서는 이 기록(《고려사高麗史》 132, 〈열전〉 45, 신돈전) 외에 딱히 전해지는 바가 없다. 다만 경남 창녕의 옥천사의 노비의 몸에서 태어나 어려서부터 신분의 차별을 받았던 것으로 알려지고 있을 뿐이다. 어린 나이에 출가하여 승려가 되었으나 신분이 낮은 탓으로 늘 산방山房에서 주위의 시선을 피하며 살았던 것으로 추측할 수 있다.

김원명金元明의 추천으로 공민왕을 만난 1358년(공민왕 7년)까지 신돈의 행적은 묘연하다. 그대로 옥천사의 한 토방에 묻혀 회한의 세월을 보냈는지, 아니면 다른 곳으로 떠나 세상을 보고 익혔는지를 알 수 있는 기록은 발견되지 않고 있다. 다만 신돈은 어린 나이에 중국 연경으로 들어가 살았던 것으로 보인다. 분명한 것은 신돈이 보낸 그 미지의 세월, 몇 해인지조차 알 수 없는 이 기간 동안의 행적이 그의 삶의 방향을 정해준 결정적 변수가 되었을 것이라는 점이다.

궁즉통窮卽通이란 말이 있다. 궁하면 통한다는 것인데, 신돈의 잃어버린 세월의 모습을 늘 화두처럼 뇌리에 담고 다니던 어느날, 나는 우연한 자리에서 눈과 귀가 번쩍 띄는 정보를 귀동냥하는 행운을 만나게 되었다.

한 불교 성지순례 전문여행사의 대표와 차담을 나누던 도중에 신돈이 서장, 그러니까 오늘날의 티베트에서 유학했다는 놀라운 이야기를 전해들은 것이다. 구전으로 전해오는 이야기이기에 객관적인 신빙성은 없지만 여행사 사장이 언급한 신돈 관련 이야기의 줄거리를 정리하면 대략 이렇다.

옥천사에서 출가한 이후 칩거하던 신돈은 어느때 중국 오대산에서 명성을 떨치던 고승 지공指空선사의 문하로 들어갔다. 지공은 나옹懶翁선사의 스승으로서 우리나라에도 잘 알려진 인물이다. 그러나 신돈의 튀는 성정으로 인해 지공 문하에서 오래 견디지 못하고 오대산에서 나왔다. 그러나 오대산에서 서장의 불교를 접했고, 아울러 오대산에서 유행했던 사리신앙에 대해서도 눈을 뜨게 된 신돈은 이 인연으로 티베트까지 건너가 수학하는 기회를 갖게 되었다. 서장에서 귀국할 때 그는 108인의 라마승을 대동하고 많은 양의 사리를 가지고 들어와 자신의 고향 창녕에 모셨다. 창녕에 사리술뫼라는 명칭의 마을이 있는 것은 이런 전설과 어떤 연관이 있는 것이 아닌가 한다.

앞서 언급했듯이 이 이야기는 근거 없는 구전에 지나지 않는다. 그러나 그렇다고 신돈의 잃어버린 세월에 대한 일체의 기록이 사라진 현실을 그냥 무시해버리기에는 왠지 아쉬움이 남는다. 그것이 여기서 이 이야기를 소개하는 이유이다.

신돈과 공민왕은, 공민왕이 당시 원나라의 수도인 연경에 머물고 있을 때 그곳에서 첫 상봉을 했다는 기록이 남아 있다. 신돈은 당시 야승野僧의 모습으로 국제정세를 살피고 있었는데, 여기서 공민왕을 만나 동지가 되어 의기투합하게 되었다는 것이다. 이 부분을 소설가 김성동은 그의 책에서 이렇게 기술하고 있다.

편조는 공민왕이 가지고 있는 고려 사내다운 기상과 민족의식을 알아봤고, 공민왕은 자신의 뜻을 담아낼 수 있는 편조의 큰 그릇을 알아봤던 거야. 인연이었지.

이것이 사실이라면 이때의 인연으로 인해 공민왕은 훗날 왕위에 오른 후, 선종禪宗 계급에 휩쓸리지 않으면서도 대중들로부터 신망을 한 몸에 받은 신돈을 지금의 수상의 위치에 전격 발탁했을 것이다. 신돈 역시 선배인 궁예와 묘청의 못다 이룬 한을 슬퍼하며 그 뜻을 계승하기 위해 대임을 수락한 것일지도 모르는 일이다.

| 사노의 아들로 태어나 온갖 천대를 받았을 신돈은 이곳에서 울분을 머금고 사회개혁을 꿈꾸었을 것이다. |

이 이야기는 신돈이 당시 중국을 유행하고 다녔다는 것을 입증하는 것으로, '티베트 구법설求法說'이나 '사리 및 라마승 대거 대동 귀국설'이 모두 엉터리가 아닐 수도 있다는 개연성을 높여준다. 신돈은 어려서부터 연경에서 놀았으며, 원의 라마교와 관련된 화엄사상가였고, 특히 편조라는 그의 이름은 티베트에서 꽃을 피운 후기 밀교와 관련이 깊은 화엄사상의 비로자나불의 영향력이 미치는 범위를 의미하는 만큼 신돈의 중국행은 상당히 신빙성 있는 이야기로 보인다. 또한 그가 태어난 창녕 옥천사가 의상의 화엄십찰과 관련된 화엄종 사찰이었던 점도 유의할 필요가 있다. 학계에서는 신돈이 노국공주를 잃고 상심하고 있던 공민왕에게 라마교의 밀교적인 신앙생활을 권했을 가능성을 점치고 있기도 한데, 이 근거는 원의 쇠망원인 중의 하나인 라마교의 비밀의식, 즉 성을 활용한 수행법이, 당시 왕실끼리 밀접한 관계를 유지

했던 원과 고려 사이에 전달되었을 가능성이 높다는 데 기인하고 있다.

아무려나 지방 산골에서 출가한 천출 출신의 승려가 한 나라를 경영하는 위치에 올라 개혁을 주도하게 되기까지 다양한 인생역정이 있었을 것임은 재론할 필요가 없다. 그렇지 않고서야 경상도 산골의 산방에 처박혀 있던 승려의 머리에서 어떻게 전민변정도감田民辨整都監과 같은 혁신적 토지정책이 나올 수 있으며, 갖가지 개혁정책 실시로 민중의 지지를 받고, 특히 난생 처음 내 땅을 갖게 된 농민과 노비의 사슬에서 풀려난 천민에게 성인과 미륵의 칭호를 받을 수 있었겠는가? 더구나 신돈은 당시 대중에게 문수보살의 후신으로 칭송되었다고 《고려사》에서 전하고 있지 않은가? 문수보살로 존숭된 승려는 역사적으로 살펴보아도 신라 말의 희랑希朗화상과 중국 화엄종의 제1조인 두순杜順 정도에 지나지 않는다. 여기서 신돈을 문수보살에 비유한 《고려사절요高麗史節要》의 기록을 살펴보자.

| 어쩌면 옥천사는 신돈과 운명을 함께 하는 절일지도 모른다. 신돈에 대한 재해석이 이뤄져 신돈이 부활하는 날, 폐허 옥천사 터도 화려하게 부활할 것이리라. |

왕이 연복사演福寺에 행차하여 문수회를 크게 베풀었다. 불전 가운데에 채색비단을 연결하여 수미산을 만들었다. (중략) 승려 300명을 뽑아 수미산을 돌아다니게 하였고 범패소리가 하늘을 진동시켰으며, 일을 맡아본 사람이 무려 8천 명이나 되었다. 왕은 신돈과 함께 수미산 동쪽에 앉아 양부의 관

원을 거느리고 부처에게 경배하였다. 신돈이 왕에게 아뢰기를 "선남선녀가 왕을 따라 문수와 좋은 인연을 맺기를 원하오니, 청컨대 여러 부녀에게 불전에 올라와서 설법을 듣도록 허락하시옵소서."라고 하였다. (중략) 신돈이 떡과 과일을 부녀들에게 흩어주니 기뻐하여 말하기를 "첨의僉議는 곧 문수의 후신이다."라고 하였다.

이 기록에서 눈여겨 볼 대목은 "선남선녀", "여러 부녀"라는 부분이다. 이 대목에서 신돈이 문수회를 지배계급만이 아닌 일반 대중도 참석하는 무차대회의 성격으로 치렀음을 알 수 있다. 이는 신돈이 계급을 부정한 부처님의 사상을 당시 고려에 적용시킨 것으로, 획기적인 사건이라고 할 수 있다. 신돈은 문수회와 같은 의식을, 양양의 낙산사를 원찰로 삼아서 도성의 궁궐이나 사찰에서 수시로 봉행했다. 신돈이 오랜 기간 머문 흔적은 보이지 않으나 낙산사는 당시에도 영험이 있기로 유명해 신돈이 원찰로 삼았던 것이다.

비 개인 후 말끔해진 초 여름날, 신돈의 출생지이며 출가지인 경남 창녕을 찾았다. 창녕은 과거에는 교통이 불편해 몹시 외진 곳이었지만 구마고속도로가 뚫리고, 부곡면에 온천이 개발되면서 80년대 이후에는 주목받는 관광지로 바뀌었다. 게다가 화왕산 정상의 수만 평에 이르는 갈대밭을 관광자원으로 활용해 이른바 '화왕산 갈대축제'가 해마다 그 규모를 더해 개최되는 등 산 고을에 불과했던 이곳은 어쩌면 신돈 생존 당시 이후 가장 활기를 띠고 있다.

화왕산이 뒤로 떡 버티고 서 있는 아늑한 동네 창녕에서 마산으로 가는 국도를 따라 십 리쯤 가면 왼편으로 버스 한 대 겨우 비켜갈 만한 소로가 다리 밑으로 나 있다. 이 길을 따라 7킬로미터쯤 올라가면 옥천이라는 마을이 나온다. 고려 당시 이곳에 신돈의 출생지이자 출가처이기도 한 옥천사가 있었기에 마을이름도 옥천이 되었다.

| 창녕의 진달래는 그 빛이 유난히 검붉다. 신돈의 한을 가득 머금은 탓일까. 진달래 꽃잎들이 처연하게 다가온다. |

지금은 절은 사라졌으나 제법 규모 있는 석축이 남아 있어 옛 위용을 짐작케 한다. 거대한 석축 군과 함께 나뒹구는 석재들이 세월의 무상함을 상징해주고 있다. 못다 이룬 신돈의 회한을 머금은 듯 지나가는 바람조차 쓸쓸한 기운을 머금고 있다.

신돈이 태어나 삭발위승削髮爲僧, 머리를 깎고 스님이 됨을 한 곳을 바라보는 나그네의 심경은 서글펐다. 그 처참한 실패를 상징하는 이 아린 흔적들, 역사는 패자에게 얼마나 몰인정한 것인가? 한때 민초들로부터 문수보살의 화신으로, 미륵부처로 숭앙됐던 신돈의 고향은 그의 몰락과 함께 이렇게 폐허로 남아 있었다.

지척에 관룡사觀龍寺가 있어 이곳 민초들에게 불은佛恩이 끊이지는 않았지만, 실패한 개혁가이자 혁명가의 유적을 지켜보는 마음은 개혁을 화두로 삼고 있는 오늘의 세태와 맞물려 묘한 회한을 불러일으켰다.

미완의 미륵 신돈의 흔적은 아무래도 그의 주요 활동무대였던 개성에서 찾아야 할 것이다. 그러나 분단으로 인해 지척의 개성을 뒤로 한 채 창녕의 출가 장소만을 찾을 수밖에 없으니, 신돈의 기구한 운명은 죽어 수백 년이 흐른 지금까지도 이어지고 있다. 비록 그의 개혁정신이 아주 끊어지지는 않아서 홍경래, 임꺽정, 운부대사, 장길산, 동학으로 이르는 민초들의 동력이 되었다고 하지만 아쉬움을 던져버리기에는 미련이 남았다.

창녕을 뒤로하고 서울로 향하는 마음은 울적했다. 그러나 어찌하랴! 미완의 미륵이었던 그의 행적을 복원하는 일조차 분단의 벽에 막혀 아직 미완일 수밖에 없는 것을……. 차창으로 이름 모를 새떼가 '파파팟' 소리를 내며 스쳐 지나가고 있다.

황량함만큼 아린 역사 머금은 미륵
절터미륵에 대하여

절터가 주는 감상은 스산함, 적막감, 그리고 왠지 모를 서글픔이다. 무너져 내리고, 이리저리 석재가 흩어져 있는 절터는 보는 것만으로도 제행무상의 진리를 알게 해준다. 거기에 미륵불이라도 하나 곁들어 위치한다면 우리 역사에서 미륵불교가 보여준 역동성과 혁명성, 그리고 끝내 이루지 못한 새 세상 건설의 비원으로 인하여 진한 처연함을 안겨주는 곳이다. 이런 이유로 중원 미륵대원에서 폐허의 아름다움을 절감하고, 아무 곳에나 불상을 늘어놓은 운주사 터에서 슬픔 머금은 신비로움을 느끼는 것은 매우 당연한 일이다.

절터미륵의 기준은 사상적 특징에 따른 분류가 아니라 현재의 보전상태에 따른 것이다. 절터미륵들은 말 그대로 폐허로 남아 있는 황량한 절터에 위치해 있는 미륵이다. 그러나 절터미륵의 특징은 사찰미륵의 위용에 전혀 뒤쳐지지 않을 정도의 찬란한 역사를 배경으로 하고 있는 점이다. 대부분 못다 이룬 비원에 대한 회한과 아픔을 가진, 그리하여 폐허의 절터가 주는 서글픈 분위기와 함께 처연함을 안겨주는 특징을 갖고 있지만 최근 들어 우리 문화와 불교문화에 대한 관심이 높아가면서 찾는 사람들이 크게 늘어나고 있는 것이 또한 절터미륵의 특징이다. 수백 년의 세월을 외로이 무너진 절터에서 버텨오다가 마침내 다시금 중생들의 귀의처로 역할하기 시작한 절터의 미륵은 21세기에 다시금 부활의 날개 짓을 하고 있는 되살아나는 미륵들인 셈이다. 아니나 다를까. 찾는 사람들이 늘어나자 운주사 터나 월악산 미륵대원 등에는 그 옆에 같은 이름의 사찰이 복원 중에 있기도 하다. 그렇기에 어쩌면 절터미륵들은 머잖아 사찰미륵으로 그 위치가 변할 지도 모른다. 어떤 이들은 절터 옆에 절이 들어서는 것에 대해 부정적 견해를 갖고 있는 경우도 있으나 그것이 주는 문제점을 따지기 이전에 석불 앞에 청수와 향, 촛불이라도 켜 놓을 수 있게 된 것 또한 절에 사는 불자들의 덕이니 굳이 나물랄 일도 아니다.

절터미륵을 제대로 이해하려면 이 미륵이 지니고 있는 역사적 배경에 대한 이해가 반드시 전제되어야 한다. 마의태자, 덕주공주, 궁예, 견훤, 왕건, 온달, 도선, 그리고 이름 모를 석공 등이 이곳을 무대로 펼쳤던 옛 역사에 대한 이해가 없다면 절터미륵은 말 그대로 황량한 절터의 돌조각들에 지나지 않는다. 과거 우리의 선조들이 이 미륵을 세우면서 가슴 속에 묻었을 새 세상 건설에 대한 비원을 절터미륵에서 읽어낼 수 있다면 이미 절터미륵은 부활의 날개 짓을 시작한 것이라고 해도 좋다. 세월이 흘러 폐허의 절터에 사람들의 훈기가 드리워지고 차츰차츰 절도 들어서고 있다. 이대로 가다가는 언젠가 절터미륵은 사찰미륵이나 마을미륵이 될 것이다.

■ 전라남도 운주사
위치 : 전라남도 화순군 도암면 대초리 20번지 / 연락처 : 061-374-0660, http://www.unjusa.org

■ 월악산 미륵대원
위치 : 충청북도 충주시 상모면 미륵리 16번지 월악산 국립공원 내 / 연락처 : 043-846-5945

■ 덕주산성 덕주사
위치 : 충청북도 제천시 한수면 송계리 산3번지 / 연락처 : 043-653-1773

■ 서산의 미륵
위치 : 충남 서산시 운산면 용현리 2-40번지

■ 영암 월출산 미륵
위치 : 전라남도 영암군 영암읍 회문리 산126-1번지, 월출산 구정봉의 서북쪽 암벽

■ 익산의 미륵사 터
위치 : 전라북도 익산시 금마면 기양리 32-2번지

■ 창녕 옥천사 터
위치 : 경상남도 창녕군 창녕읍 옥천리 220번지

⟩⟩⟩앞의 사진 | 석굴법당 벽에 새겨진 조각들은 어느 것 하나 소홀히 지나칠 것이 없다. 이곳은 진정 신라인과 현대인이 공존하는 시공을 넘어선 성소이다. |

새 세상 건설의 비원을 담은 미륵

민중미륵 편

| 가진 자와 못 가진 자가 하나 되는 대동세상, 그 원대한 이상향을 궁예는 철원에서 건설하려 했다. 아니, 실제로 건설했다. 비록 그러한 시도가, 자신들의 기반이 축소되는 것에 반발하는 기득권 세력(호족)의 조직적인 반발로 인해 실패로 돌아갔지만, 궁예는 비옥한 평야지대 철원을 배경으로 그의 이상향 즉 미륵정토 구현에 실제로 착수했던 것이다. |

가진 자, 못 가진 자
하나 되는 세상

철원에서 바라본 궁예도성

궁예의 흔적을 좇아 철원으로 달려갔다. 일명 쇠둘레鐵圓마을로 불리는 철원은 알다시피 궁예가 그의 이상대로 미륵의 나라를 건설하려 했던 곳이다.

가진 자와 못 가진 자가 하나 되는 대동세상大同世上, 그 원대한 이상향을 궁예는 철원에서 건설하려 했다. 아니, 실제로 건설했다. 비록 그러한 시도가, 자신들의 기반이 축소되는 것에 반발하는 기득권 세력(호족)의 조직적인 반발로 인해 실패로 돌아갔지만, 궁예는 비옥한 평야지대 철원을 배경으로 그의 이상향 즉 미륵정토 구현에 실제로 착수했던 것이다.

철원은 궁예가 세운 태봉국의 도읍으로보다 이른바 철의 삼각지대로 더 잘 알려졌을 정도로 잊혀진 옛 도읍이다. 광활한 평야를 가지고 있고 깊고 푸른 강을 끼고 있

| 쇠둘레마을 철원은 궁예가 이상국가를 건설하려 했던, 실제로 건설에 착수했던 옛 도읍지이다. |

어 도읍의 조건을 고루 갖추고 있는 철원의 역사는 오랜 세월동안 그곳에 사는 민초들에게조차 잊혀졌던 것이 사실이다.

　궁예를 비하하는 내용으로 일관된 승자의 냉엄한 역사가 그 으뜸 원인이기도 하겠지만, 그보다는 새로운 세상을 이루려는 민초들의 염원이 그만큼 퇴색한 데도 원인이 있을 터이다. 하기야 이 고을 사람들조차 얼마 전까지만 해도 궁예에 대한 인식이 매우 일천했으니 더 말해 무엇하랴. 매년 '태봉제'라는 이름의 고을축제를 벌이면서도 정작 궁예의 사상과 흔적을 천착하는 데는 소홀해왔으니, 송강이 〈관동별곡〉에서 읊은 "궁왕대궐 터에 오작이 지지괴니 천고흥망을 아는다 모르는다."는 구절이 가슴 속 깊이 서글픔으로 박혀올 뿐이다.

　몇 해 전 〈태조 왕건〉이라는 텔레비전 드라마를 통해 궁예의 진면목이 일부 알려지면서(그 역시 상당 부분 왜곡된 점이 없지 않지만) 궁예와 관련한 세미나도 열리고, 어가행차를 시연하는 군 행사도 생겨났으니 그나마 다행한 일이 아닐 수 없다.

　철원고을의 역사는 잘 각색된 운명을 그린 한 편의 드라마 같다. 통한의 세월을 삼키며 갖가지 정변으로 고통받아온 고을이 철원이라 해도 틀리지 않다. 물론 그 주요 원인으로는 지정학적 위치가 손에 꼽힌다. 궁예와 임꺽정을 거론하지 않더라도 오늘날조차 철원고을의 한쪽은 대한민국이, 다른 한쪽은 조선인민민주주의공화국이 차지하고 있을 정도로 기구함이 이어지고 있다.

　비옥했기에 되레 수난을 당해야 했던 고을, 철원! 장구한 역사 속에서 민초들이 이 땅에 흘린 눈물은 광활한 평야를 움푹 패어 흐르는 한탄강의 강줄기로 이어졌을지

| 물거품이 된 궁예의 꿈이 한탄강의 강물이 되어 남아 있는 듯하다. |

도 모른다. 오죽하면 이 고을의 방어문 격인 산정호수 옆 바위산을 통곡의 뫼鳴聲山라고 불렀겠는가.

철원과 궁예는 도무지 따로 떼어 설명할 수가 없다. 896년 궁예가 국가를 선포하면서 도읍으로 정해 왕위에 오른 곳이 바로 이곳 철원이요, 패서의 호족 세력을 견제하고 자신의 구상대로 미륵의 나라를 건설하기 위해 다시 야심 찬 계획을 가지고 천도를 해온 새 도읍이 또한 철원이기 때문이다. 또한 갓 스물의 청년 왕건을 발탁해 온갖 후원을 아끼지 않으면서 마침내 재목으로 키운 뒤에 바로 그에 의해 축출되는 비운을 맛본 곳이 이곳이니, 송악(개성)에 잠시 도읍을 정했던 기간을 제외하면 거의 20여 년의 세월 동안 궁예는 철원에 머물렀다.

《고려사》 등 승자에 의한 기록에 따르면 궁예는 포악하고 음란, 사치하며 가렴주

구를 일삼는 미치광이 군주였다. 그런 이유로 그의 최후도 보리밭에서 설익은 보리를 훔쳐 먹다가 농민들에 의해 비참하게 죽어간 것으로 되어 있다.

승자가 쓴 역사는 자신을 한껏 부추기기 위해 패자를 한없이 추락시키곤 한다. 이는 궁예의 경우도 다르지 않다. 이 지역에서 전해오는 궁예와 관련된 구전은 승자가 쓴 기록을 정면으로 뒤집는 경우가 많은데, 이러한 예가 그 증거가 될 것이다. 육당 최남선이 철원 지역의 전설을 수집해 펴낸 《풍악기유楓嶽記遊》에는 궁예의 최후가 다음과 같이 묘사되어 있다.

궁예의 한과 원력은 철원에 사는 사람들도 잘 알지 못했던 잊혀진 역사였다. 얼마 전까지만 해도 한탄강은 경치 좋은 유원지에 지나지 않았다.

남루한 차림의 고려왕(궁예)이 발붙일 곳을 찾지 못하고 심벽한 석을 찾아 삼봉 골짜기로 들어왔다. 삼봉 최고지에 올라 은피하여 제도할 땅을 둘러볼 즈음에 문득 한 스님을 만나 혹시 용잠호장할 땅이 없겠느냐고 물으니, 스님이 말하기를 이 속에 들어와서 살길을 찾는 것은 어리석다고 했다. 이에 크게 절망하고 그곳에서 깊은 연못을 향해 그대로 몸을 던지니 물에는 빠지지 아니하고 우뚝 선 채로 운명했다.

궁예는, 이 전설에서 얼핏 언급된 것처럼 축출된 이후에도 적지 않은 존경과 지지를 받았다. 재기를 도모했다는 내용이 이를 암시하고 있다. 또한 죽음의 모습을 물 위에 우뚝 서 운명했다고 표현한 것은 궁예가 민초들에 의해 타살된 것이 아니라 스스로 하늘이 자신을 버렸음을 알고는 당당하게 최후를 맞았음을 상징하는 것이라고 보아야 할 것이다.

옛날 궁예가 숱하게 둘러보았던 한탄강을 배 한척을 빌려 타고 거슬러 올라갔다.

고석정에서 통통거리는 바지선에 몸을 싣고 강줄기 한복판으로 들어갔다. 제법 깊은 강이라 물 빛깔이 시퍼렇다. 절경이라 할 만한 기암괴석들이, 규모는 작지만 중국의 계림이나 용경협을 연상케 했다. 어쩌면 궁예는 틈틈이 짬을 내 이 한탄강의 절경 속에서 자신을 미륵으로 따르던 민초들과 정겹고도 깊은 정을 나눴을지도 모른다.

궁예의 한탄을 머금어 강의 이름을 한탄이라고 했다는 한탄강을 뒤로하고 인근에 있는 달우물마을(월정리)로 향했다. 월정리는 궁예도성이 지척인 곳이기도 하거니와, 휴전을 상징하듯 부서진 기차가 분단의 회한을 "달리고 싶다"는 팻말로 드러낸 채 나뒹굴고 있는 곳으로 알려져 있다. 그 앞에 비무장지대와 북한 지역을 볼 수 있는 전망대가 있고, 이 전망대에 설치되어 있는 망원경을 통해 어렴풋하게나마 궁예도성을 일견할 수 있다.

궁예도성은 물론이고, 보개산성과 성동리성, 패주골 등도 군사지역인 탓에 민간인 출입이 금지되어 있어 갈 수가 없다. 결국 통일이 되고 나서야 궁예의 진면목을 제대로 알 수 있을 것이니, 못다 이룬 새 세상에 대한 그의 여한은 모질도록 질기게 이어지고 있는 셈이다.

망원경을 통해서도 궁예도성을 제대로 보는 것은 사실상 불가능한 일이었다. 그저 구릉과 수목이 어우러진 평범한 지형이 펼쳐져 있을 뿐이었다. 다만 얼핏얼핏 보이는 도성 어디에도 거대한 축성 등의 대규모 토목공사의 흔적이나 장대한 성곽의 모습은 보이지 않았다.

당시 삼한의 최강자로 군림했던 궁예가 힘이 없어서 웅장한 성곽을 쌓지 못했을 리는 만무한 터. 아마도 궁예는 자신과 백성의 신분적 구분을 가르는 축성조차 거부한 것

| 궁예왕에 대한 재조명이 조금씩 시작되면서 철원과 한탄강의 의미가 다시금 살아나고 있는 것은 다행한 일이다. |

철원에서 바라본 궁예도성

| 한탄강은 한 서린 강이다. 그 물방울들도 처연하게 다가온다. 그러나 궁예의 역사가 바로서는 날, 저 물방울은 축제의 꽃방울이 될 것이다. |

은 아닌가 싶다. 지척에 두고도 가볼 수 없는 궁예도성 터는 궁예의 소박하지만 한없이 원대했던 꿈을 이렇게 분단의 한복판에서 웅변으로 보여주고 있었다.

우리 역사에서 제일 먼저 미륵의 나라, 즉 이상세계의 건설을 추진했던 궁예. 그러나 그의 행적은 철저히 왜곡되거나 멸실되었고 그의 주 활동무대였던 철원 땅에서조차 흔적을 쉽게 찾아볼 수가 없게 되었다.

철원 땅을 빠져나오며 천 년 전 이상국가를 꿈꾸었던, 또 실제로 그 틀을 상당부분 갖추었던 궁예의 궤적을 철저히도 도외시해온, 아니 아직도 외면하고 있는 오늘의 민중들을 떠올려보았다. 우리는 궁예를 애꾸눈의 탐욕스럽고 흉악무도한 악한으로, 독심술을 써서 부하와 아내, 자식을 죽이고 미륵생불을 자처했던 미치광이로 배워왔다. 이는 궁예의 심복으로 있다가 쿠데타로 권좌를 가로챈 왕건을 추앙하기 위해 만든, 《삼국사기》 등 후대의 기록을 그대로 답습해 배웠기 때문이다.

그러나 뒤집어보면 궁예만큼 혁명적이고 민중의 지지를 기반으로 나라를 세웠던 영웅을 찾아보기 힘들다. 고아 신세로, 절에서 승려 신분으로 있다가 민초들을 이끌고 대 제국을 건설했다는 것이 어디 말처럼 간단한 일인가?

고구려의 후신을 자처하며 발해의 영토까지 회복하려 했던 그의 원대한 스케일은 우리 민족사에서 그 누구도 감히 생각지 못한 장쾌한 역사가 아닐 수 없다. 훗날 기득권 세력과의 권력 다툼 과정에서 포악성을 드러내고 민초들을 위한 철저한 국가 운영에 실패한 책임을 면할 길은 없겠으나 그를 일방적으로 미치광이로 매도하는 기록은 다시 해석되어야 마땅하다.

어쩌면 우리의 가장 자랑스러운 역사일 수도 있는 궁예의 역사를 경시하는 한, 우리가 요즘 귀에 못이 박히도록 듣는 "세계를 리드하는 21세기 동북아 중심 국가"라는 말은 한낱 구호에 머물 수밖에 없을 것이다. 한탄강의 곰보돌을 보고 '이제 내 운명이 다했구나.'라며 한탄했다는 이야기, 궁예가 축출된 후 금학산의 곰취가 써서 먹을 수 없게 됐다는 이야기가 민초들 사이에서 생성된 연유를 정확하게 이해할 필요가 있는 것이다.

오늘날에도 철원은 여전히 비원의 도시이다. 분단의 상흔이 여전하고, 긴장도 여전하다. 그러나 철원이 더 비감하게 다가오는 것은 철원을 중심으로 일어난 과거 역사에 대한 제대로 된 해석이 이뤄지지 않고 있기 때문이다.

역사가 바로 서지 않는 한 미래는 없다. 우리가 한때 귀가 따갑도록 역사 바로 세우기 캠페인을 한 것이나, 최근 일본의 역사 왜곡을 두고 결국 그들 스스로에게 족쇄로 작용할 것이라고 세계 각국의 학자들이 경고하고 있는 것도 같은 이유에서이다. 원대한 스케일을 가지고 삼한 중심의 국가운영에서 과감하게 탈피를 시도했던 궁예와 태봉국에 대한 재해석이 요긴한 이유도 여기에 있다.

| 포천에는 흐릿해지긴 했지만 흔적들이 곳곳에 남아 있다. 궁예의 꿈이 좌절된 땅이 곧 철원이요, 궁예가 왕건에 쫓겨 도망하며 재기를 기도하다가 결정적으로 패퇴한 곳이 인근 파주고을이니, 이곳에서 궁예의 숨결이 남아 있는 유적을 만날 수 있는 것은 당연한 일이다. |

궁예의 한과 넋이 잠긴 곳
포천의 궁예미륵

앞에서도 종종 이야기했듯이 미륵신앙과 궁예는 불가분의 관계에 있다. 우리나라의 많은 미륵을 이야기하다 보면 궁예를 떠올리지 않을 수 없으니, 미륵과 궁예와의 관계는 운명이라고 해도 좋을 것이다.

궁예에 대해서는 몇 해 전 텔레비전의 사극을 통해 비교적 상세히 다뤄진 바 있고, 이런 저런 경로를 통해 간헐적으로 언급돼왔던 것이 사실이다. 그런데도 정작 그의 진면목은 여전히 베일에 가려 있다. 다만 그의 인물됨을 경기도 포천 지역에 남아 있는 유적지와 불상을 통해 가능한 한 사실에 가깝게 짐작할 수 있을 뿐이다.

알려진 바와 같이 궁예를 포악한 미치광이 정도로만 간주하는 것은 문제가 있다. 일각에서는 궁예를 일러 기층 민중을 규합해 미륵의 새 세상을 건설하려던 미완의 혁명가이자, 미륵의 화신이라고 상반된 평가를 하고 있기 때문이다.

예서는 어느 주장에 비중을 두어야 한다는 이야기를 하려는 것이 아니고, 다만 궁예에 대한 상반된 평가를 보다 정확한 사실규명을 위한 전제로 받아들이려는 태도가 필요하다는 점을 강조하려는 것이다.

포천에는, 흐릿해지긴 했지만 궁예의 흔적들이 곳곳에 남아 있다. 궁예의 꿈이 좌절된 땅이 곧 철원이요, 궁예가 왕건에 쫓겨 도망하며 재기를 기도하다가 결정적으로 패퇴한 곳이 인근 파주고을이니, 이곳 포천에서 궁예의 숨결이 남아 있는 유적을 만날 수 있는 것은 당연한 일이다.

원래 그 고을의 운명이 그런 것인지는 몰라도 철원과 포천은 오늘날에도 남북 분단의 상처를 가득 머금은 회한의 땅으로 남아 있으니 기구한 일이다. 특히 궁예미륵으로 불리는 미륵상이 외로이 남아 있는 포천의 반월성 뒷길은 오르는 이의 발걸음조차 애잔함으로 적시는 묘한 기운을 발산하고 있었다.

궁예는 신라의 왕과 이름이 알려지지 않은 궁녀 사이에서 태어난 것으로 알려지고 있다. 아버지가 헌안왕이라는 설도 있고 경문왕이라는 주장도 있지만 확실치는 않다. 그는 단오날(음력 5월 5일) 태어났고, 태어날 때부터 이齒가 났으며, 주위에 이상한 광채가 나타나 장차 국가에 해로움을 끼칠 것이라는 일관日官의 말을 믿은 왕이 죽일 것을 명했다고 한다. 그러나 유모 등의 도움으로 가까스로 목숨을 부지해 도성을 빠져나왔다고 한다. 후에 궁예는 세달사라는 절로 출가하여 선종善宗이라는 법명의 비구가 되었다.

당시는 신라의 왕실이 극도로 쇠약해지고 지방에서 호족들이 득세를 하던 중이었는데, 흉년이 들어 국고가 탕진되자 세금을 거둬들이는 과정에서 민심이 크게 흉흉해졌다. 궁예는 이런 사회적 분위기에 편승해 안성 일대를 근거로 세력을 떨친 호족 기훤의 수하로 들어가 뛰어난 전적을 올리며 장군이 되었고, 차츰 독자 세력을 형성해 왕위에 올랐다.

그는 파죽지세로 세력을 키워나가며 방대한 지역을 다스리게 되면서 고구려의 재건을 호언하며 태봉국을 세우고 국왕이 된 후 스스로 미륵이라고 칭하며 28년 동안 나라를 통치했다. 그러나 왕건을 추대하는 홍유, 배현경, 신숭겸, 복지겸 등에게 축출되어 변복 차림으로 도망을 치다가 지금은 휴전선 위쪽 북녘 땅이 된 강원도 평강군 갑천에서 부하에게 피살됐다.

| 포천의 반월성은 궁예가 왕건에 맞서 최후의 격전을 벌인 곳이다. |

위는 궁예의 일생을 간단히 요약한 것이다. 궁예가 왕건에 의해 축출된 이유는 성격이 포악하고 의심이 많아 부인과 두 아들을 죽이고, 신하와 백성을 마구 살해하면서 마침내 민심을 잃었기 때문으로 알려져 있다. 또 그가 미신적인 불교를 신봉했고, 스스로 지은 20여 권의 불경도 그 내용이 요망하여 부처님의 뜻과 어긋난 것으로 전해진다. 그러나 이런 기록에 크게 연연할 필요는 없을 듯싶다. 승자의 시각으로 쓴 기록은 그 진실성에 의문점이 많이 남을 수밖에 없기 때문이다.

후고구려를 세워 국내를 통합(삼한의 통일)하기도 전에 혹독한 폭정을 펼쳐 백성의

| 반월성은 야트막한 산에 설치됐지만 천혜의 요새다. 이곳에서 궁예는 왕건에 맞서 격렬한 전투를 벌인 것으로 알려져 있다. |

원망과 비난을 샀다는 내용은 상식적으로 잘 납득이 되지 않는다. 도적의 무리로 출발한 탓에 세력의 기반이 미미하고, 국가 운영의 경륜이 부족해 신라 사회의 모순을 해결하기보다는 오히려 악화시키는 결과를 초래했다는 것 역시 외려 그 반대가 아닐까라는 의구심을 갖게 한다.

승자의 기록인 《고려사》나 《삼국사기》는 궁예가 이런 폭정으로 인해 마침내 호족 세력을 기반으로 하면서 유교적 정치이념을 갖고 선종의 승려 및 육두품의 지식인층까지 두루 포섭하였던 왕건에 의해 축출된 것으로 기록하고 있다.

앞서 언급한 바와 같이 이런 기록들을 문자 그대로 받아들이는 것은 문제가 있다. 이 기록들과 함께 민간에 구전되는 전설과 설화, 그리고 정사를 뒤집어 해석하는 통찰이 요구된다고 할 것이다.

궁예가 스스로 미륵불을 자처한 것은 미신이라기보다 혼탁한 사회를 개혁하려는 의지가 그만큼 강했음을 상징하는 것이라는 해석이 더 타당하게 보인다. 20여 권의 경전을 저술했다는 것 또한 그의 불교에 대한 지식이 상당한 수준에 이르렀음을 보여주는 것이다. 경전의 내용이 요망했다면 궁예를 격하하는 무리들이 요망함의 근거로 삼기 위해서라도 그 경책들을 오히려 온전하게 보존했어야 하지 않을까. 포악하고 의심이 많았다는 것 역시 승자의 기록대로 초적草賊, 민초의 무리를 근거로 건국을 하다 보니 강력한 세력 기반이 없었고 따라서 자위권 차원에서 기득권층인 토호들에 대해 가혹한 정책을 적용할 수밖에 없었을 것으로 짐작되는 일이다.

신라 사회에 대한 반감으로 초적의 무리와 호족 세력이 연합전선을 구축했으나, 건국 후 세력이 비대해지면서 개혁 지향의 초적 세력과 기득권을 유지하려는 호족 간의 갈등이 표출된 것이라고 보는 것이 더 그럴듯해 보인다. 더구나 일반 민중들을 초적의 무리라 폄하한 것은 왕건을 추종하는 세력이 기득권 세력의 이익을 대변했음을 반증하는 대목은 아닐까?

그러나 궁예가 회한을 품은 채 내쫓겨온 땅 포천에도 정작 궁예의 흔적을 아는 이가 드물었다. 포천의 중심 부분에 위치해 있는 반월성터 옆 한 산골짜기에 지금도 궁예미륵이 외로이 서 있건만 위치를 아는 이가 없어 찾아가는 데만 한나절이 걸렸다.

반월성은 약간은 가파른 듯한 야산 형태의 산에 축성돼 있다. 30여 분 가량 걸으면 정상에 가까운 능선까지 오를 수 있을 만큼 야트막하다. 능선을 따라 이어진 돌 성곽, 반월성에 올라 전방을 내려다보니 포천 시내가 한눈에 펼쳐졌다. 포천 시내 방향으로는 생각보다 산세가 매우 가팔라 방어를 위한 싸움터로는 제격이다. 궁예가 왕건의 추격군에 맞서 이곳을 저항지로 정한 이유가 수긍이 가는 대목이다.

작지만 험준한 산에 쌓은 반월성 터는 그러나 예전의 격전지임을 잊은 채 고즈넉하기만 했다. 군데군데 수령이 수백 년은 족히 넘었을 밤나무가 즐비하고, 앙상한 가지를 드러낸 고목과 활엽수들이 묵묵히 자리를 지키고 있을 뿐이었다. 패망한 자의 회한과 슬픔을 상징하듯 산등성이와 능선에 온갖 가시덩굴과 쑥대가 뒤덮여 있었다.

반지르르하게 복원돼 옛 맛이 덜해진 반월 성곽을 돌아본 후, 성터 옆쪽의 후미진 골짜기가 끝나는 곳에 외로이 서 있을 궁예미륵을 찾아 나섰다. 길은 험하지 않았으나 길이 제대로 나 있지 않아, 반 길이 넘는 들깨 밭을 가로질러 갈 수밖에 없었다. 문득 뱀이라도 나타나면 어쩌나 하는 생각에 뒷골이 서늘해졌다. 그러나 대륙을 도모했던 궁예미륵을 만나러 가는 길에 공연한 궁상을 떨어서는 안 된다는 생각으로 용기를 내봤다. 그렇게 한참을 올랐을까? '저기 있다! 저것이 궁예미륵이다!' 바람

| 반월성 뒷편 후미진 골짜기 끝자락에는 궁예미륵으로 불리는 석불탑이 1기 서 있다. |

에 일렁이는 깻잎 새로 슬쩍 모습을 드러낸 궁예미륵을 보는 순간 나도 모르게 탄성이 터져 나왔다.

두 손으로 들깨 줄기를 헤치며 궁예미륵을 향해 달려갔다. 궁예미륵은 오랜 세월 모진 풍화를 겪은 모습이었다. 얼굴은 형태만 겨우 알아볼 수 있을 정도로 심하게 마모되었고, 코는 아들을 바라는 처자들의 손길을 견디다 못해 아예 깊게 패여버렸다. 표면 석질도 손길이 닿으면 곧 부서질 만큼 푸석푸석했다. 세월의 모진 풍상을 힘겹게 견뎌왔음을 한눈에 알 수 있었다.

그러나 천 년의 비바람도 궁예미륵의 기상을 아주 삼켜버리지는 못했다. 당당한 위풍의 딱 벌어진 어깨는 한때 산하를 호령했을 궁예의 기상을 온전히 간직하고 있었다. 어김없이 허리 부위 아래는 땅 속에 묻혀 있어 미륵이 출현해 새 세상을 세워 줄 것을 바라는 민초들의 염원을 나타내고 있었다.

그런데 왜 하필 고려의 민초들은 반월성 안쪽이 아닌 능선 왼편 마을 뒤 후미진 곳을 골라 궁예미륵을 만들어 세웠을까? 궁예가 죽은 지 꽤 오랜 세월이 흐른 후 세워졌을 이 미륵을 성 안이 아닌 아랫마을 뒤쪽의 움푹 패인 곳에 조성해야 할 특별한 이유라도 있었던 것일까? 궁예미륵을 매만지며 나는 다시 상상의 날개를 펼쳤다.

'아마도 궁예가 죽은 뒤에도 궁예와 그를 따르는 부하, 그리고 궁예와 함께 새 세상을 일구려던 민초들은, 언젠가는 반드시 미륵의 세상이 올 것을 믿고 그 비원을 이 궁예미륵에 담았을 것이다. 그러나 궁예를 무너뜨리고 세운 나라의 백성으로 표시나게 성 안에 궁예미륵상을 세울 수 없어 그의 숨결과 회한이 어린 반월성 옆 후미진 곳을 골라 몰래몰래 세웠을 것이다. 폭정으로 민심을 잃어 축출되었다는 그인데도 많은 민초들이 마지막까지 따르며 산성을 쌓고 저항을 할 수 있었던 것은 무엇을 의미할까? 미륵에 의지하여 민초들과 더불어 잘사는 나라를 만들고자 했던 궁예를, 승자의 기록에서처럼 모든 민중들이 그렇게 외면했을 리는 없지 않겠는가?'

호족 세력에 밀려 철원을 빠져나온 궁예는 도피안사를 거쳐 보개산성, 태봉산 성터, 산정호수가 펼쳐져 있는 명성산과 반월산 성터에 이르기까지 퇴각을 거듭한 것으로 보인다. '울음 산'으로 불리는 명성산鳴聲山은 궁예와, 마지막까지 그를 따랐던 부하, 그리고 민초들이 미륵세상 건설의 꿈이 좌절된 것을 슬퍼하며 목 놓아 울었다고 해서 붙여진 이름이다. 어쩌면 산정호수의 저 깊고 푸른 물은 당시 궁예와 민초들이 흘린 회한의 눈물이 모여 이루어진 '울음 못'일지도 모를 일이다.

아무러나 이곳에 얽힌 역사의 질곡과 선조들의 비원을 아는지 모르는지, 춘정春情에 볼이 빨갛게 달아오른 청춘 남녀들은 오리 보트를 타고 호수 구석구석을 누비며 사랑을 속삭이기에 여념이 없다.

궁예는 반월성터에서도 쫓겨나 현등산을 거쳐 지금은 휴전선 북쪽에 위치한 평강 땅까지 패퇴했던 것으로 추정된다. 평강읍 서쪽에 있는 갑천甲川은 왕건에 쫓긴 궁예가 갑옷을 벗어버린 곳이라고 해서 그렇게 불렸다는 전설이 내려오는 곳이다. 광개토왕에 의해 한때 고구려에 편입되었던 평강 땅이 고구려의 옛 영화를 재현하려 했던 궁예의 최후 장소가 된 이 역사의 아이러니를 어떻게 받아들여야 할 것인가! 아마도 호족 세력에 쫓기던 궁예가 못다 이룬 비원을 후세에 알리기 위해 굳이 광개토왕의 인연지 평강 땅을 자신의 회향 처로 택했을지도 모를 일이다.

벌써 뉘엿뉘엿 해가 지기 시작했다. 쫓기던 궁예가 몸을 씻은 후 잠시 쉬어갔다는 현등산 인근의 무지개 폭포를 끝내 찾지 못한 채 귀경을 서둘러야 할 시간이 되었다. 서울로 향하는 경춘 국도 옆으로는 북한강이 도도히 흐르고 있었다. 역사의 구비마다 꺾이곤 했던 개혁의 몸부림들, 안타까움과 울분으로 그 현장을 지켜보았다. 저 강물을 맥없이 바라보았다. 나도 모르게 독백이 흘러나왔다.

| 궁예미륵은 고려시대에 조성된 것으로 궁예를 그리워한 민초들이 수백이 지난 후에도 존재했음을 알려주는 증거라고 할 수 있다. |

그때도 저 강물은 흘렀을 것이다.

새 세상 꿈이 무너져 내렸을 때.

가진 자의 저항을 채 넘지 못하고

궁왕의 꿈이 물거품이 되었을 때.

혼돈의 시공을 묵묵히 지켜보았을

강물 그때도 저 모습이었을 것이다.

켜켜이 민초들의 통곡을 모아

하염없이 저렇게 흘렀을 것이다.

| 저 미소, 부조로 조성된 신라 미륵의 저 온화한 웃음을 보라. 저것은 두려움이 아닌 친근함이다. 천 년을 이어온 신라의, 이 땅에 살고 있는 민초들의 미소 그대로이다. 저 표정 어디에 중생을 주눅 들게 하는 위압감이 있으며, 범접하지 못할 섬뜩함이 있는가. 정겨움을 이기지 못해 당장이라도 쫓아가 매만지고픈 이웃의 얼굴 그대로가 아닌가. |

화랑의 뜨거운
기개를 품다

단석산 상인암 미륵

경주 초입의 건천고을에는 삼국통일의 주역 화랑의 정신이 온전히 깃들여 있는 단석산이 버티고 서 있다. 단석산은 미륵 관련 유적이 드문 경상도 지역의 대표적인 미륵성지라고 할 만한 곳이다.

장마의 기운이 채 가시지 않은 늦여름 어느날, 신라 김유신이 통일의 원력을 다졌던 단석산과 그곳에 있는 미륵을 만나기 위해 발걸음을 재촉했다. 이 산은, 17세 소년 들어와 부처님과 산신에게 삼국통일을 기원하자 하늘이 보검을 내렸고 유신이 그 보검으로 바위를 갈라 단석斷石이라는 이름을 얻었다는 전설을 간직한 곳이다.

단석산은 신라의 옛 도읍 서라벌의 외곽을 지키는 천연 요새로 활용되었을 만큼 웅장하다. 오를수록 가파른 것이 여느 야산과는 격이 다르다. 예리한 돌 조각으로 뒤

| 단석산은 미륵성지가 드문 경상도 지역의 대표적인 미륵성지라고 할 수 있다. |

덮인 산길을 한참 오르면 이곳이 결코 만만치 않은 곳임을 저절로 느끼게 된다. 돌을 칼로 잘랐다 해서 단석이라고 이름을 정했다더니, 과연 자칫 잘못 다루다가는 손을 벨 만큼 돌 조각의 날이 서 있었다.

장마 끝인지라 날씨가 꾸물꾸물한 것이 금방이라도 비바람이 몰아칠 기세였다. 단석산 골짜기 안쪽으로는 벌써 어둠이 드리워져 초저녁 분위기를 방불케 하고 있었다. 채 몇 분도 오르지 않았지만 입가에선 단내가 올라왔다. 한참을 오르다가 멈춰서 숨을 고른 후 고개를 들었다. 저 멀리 구름 새로 산마루가 가물가물하게 자태를 드러냈다. 산 중턱은 안개에 가득 싸여 분간할 수 없을 정도인데, 되레 정상은 그 신이한 자태를 오락가락 드러내고 있었다.

산이 가파른지라 한 발짝씩 걸음을 옮겼다. '이제 곧 산 중턱에 거대한 바위를 두부 자르듯 뚝뚝 잘라 ㄷ자 모양으로 벽을 세워 놓은 모습을 하고 있다는, 화랑의 성

| 단석산 석굴법당 안쪽 벽에 부조로 새겨진 미륵불. 서산마애불과 경주 남산 불상의 미소를 연상시킨다. |

소聖所 상인암에 당도하게 되리라.' 산길 옆으로 서 있는 크고 작은 바위조각들은 오를수록 더 날카로운 날을 시위하듯 드러내고 있었다. 저 서슬 퍼런 날만 보아도 이곳이 왜 삼국통일의 주역인 화랑을 길러낸 훈련 장소였는지를 알 수 있을 것 같았다.

상인암이 가까워질수록 곧 신라의 대표 미륵을 배알하게 된다는 설렘도 강도를 더했다. 이제 신라를 호령했던 김유신이 기도와 수행, 그리고 풍류를 배웠을 성소에 도착해 유신과 함께 새 세상을 꿈꾸며 단석산을 맨발로 누볐을 용화향도龍華香徒의 숨결을 생생하게 느끼게 될 것이다. 꼭 유신이 가른 바위가 아니더라도 단석산의 돌 조각 모두가 예리한 칼로 잘라낸 듯 날카로우니, 예 있는 돌조각 중 단석 아닌 것이 어디 있으랴!

한참을 더 오르고 나니, 저만치에 장대비조차 지탱하기 힘겨울 만큼 낡은 산중토굴이 시야에 들어왔다. 처마 밑으로 '단석산 신선사神仙寺'라는 편액이 위태롭게 붙어 있었다. 《삼국유사三國遺事》에 나오는 그 유명한 신선사가 이렇게 쇠락한 모습으로 남아 있다니 놀라울 뿐이었다. 유신과 화랑의 무리들이 통일의 기개를 연마했던 도량이 세인의 관심 밖으로 밀려나 있는 것은 서글픈 일이 아닐 수 없다. 손톱만큼의 역사적 근거만 있어도 떠들썩하게 성지로 가꾸는 다른 나라의 사례를 거론하지 않더라도 우리가 우리 것에 얼마나 소홀한가 하는 자괴감이 몰려들었다.

방문하겠다고 미리 연락해놓았던 터라 신선사 주지스님이 반갑게 맞이해주었다. 스님과 잠시 환담을 나눈 후 안내를 받아 절에서 30여 미터 거리의 상인암 마애불상군으로 향했다. 빗줄기는 막 잦아들었지만 대신 자욱한 운무가 상인암을 에워싸고 있었다. 이따금씩 휘돌아 치는 바람결에 안개가 이리저리 쓸려 다니는 것이, 금방이라도 용이 나타나 힘찬 틀임을 할 기세였다.

"어서 석굴법당 안으로 들어가십시다. 예까지 왔으면 미륵부처님부터 만나뵈야지요."

스님의 재촉이 아니었다면 언제까지나 그렇게 서 있었을 것이다. 스님 뒤를 바짝 따라 최초의 신라 석굴사원인 상인암 법당 안으로 발걸음을 들이밀었다.

'무슨 말을 해야 하나. 이 순간 무슨 말이 필요할 것인가. 신비한 기운으로 가득 찬 석굴법당은 말문을 막아버릴 위용을 모조리 갖추고 있는 것을. 저 미소, 부조로 조성된 신라 미륵의 저 온화한 웃음을 보라. 저것은 두려움이 아닌 친근함이다. 천 년을 이어온 신라의, 이 땅에 살고 있는 민초들의 미소 그대로이다. 저 표정 어디에 중생을 주눅 들게 하는 위압감이 있으며, 범접하지 못할 섬뜩함이 있는가. 정겨움을 이기지 못해 당장이라도 쫓아가 매만지고픈 이웃의 얼굴 그대로가 아닌가. 서산 마애불을 닮은 것 같기도 하고, 어찌 보면 경주 남산 부처님들의 미소가 떠오르기도 한다.'

감동에 취해 호흡마저 멎었다. 한 분은 관세음보살이요, 다른 한 분은 약사보살일 것이라는 용담스님의 낭랑한 목소리에 비로소 미륵부처님에게 머물러 있던 눈길을 거둬들인다.

암벽에 새겨진 조각을 찬찬히 살펴보니, 미륵을 공경의 눈초리로 바라보는 두 명의 신라인이 눈에 띄었다. 측면 바위 하단에 새겨진 두 사람이 각기 향과 꽃을 들고

| 마애불 앞에 차려진 불공을 위한 불구들. 여전히 미륵이 살아 있음을 보여주고 있는 증거들이다. |

| 석굴법당 벽에 새겨진 조각들은 어느 것 하나 소홀히 지나칠 것이 없다. 이곳은 진정 신라인과 현대인이 공존하는 시공을 넘어선 성소이다. |

미륵부처님께 막 공양을 올리려는 모습이다. 두 신라인 위쪽으로 조성된 삼존불은 마치 어서 미륵부처님께 공양을 올리라고 재촉이라도 하는 듯이 왼손을 들어 부처님을 가리키고 있다.

공양을 올리는 신라인들의 시선을 좇아 다시 미륵을 바라보았다. 보는 각도에 따라 그 느낌이 다르기는 이곳도 예외는 아니다.

저 둔탁한 발가락, 바람에 흘러내릴 듯 자연스럽게 휘돌려 놓은 옷깃의 선이며, 천 년을 한결같이 이어온, 신비스럽다고 할 수밖에 없는 미소……. 이 미륵의 표정은 보통의 신라 불상과는 그 느낌이 판이했다. 완벽한 조형미와 화려한 장식보다는 친근한 얼굴에 중후한 몸체, 미소를 머금은 앳된 표정 등 전형적인 우리네 민초들의 얼굴을 하고 있는 것이다.

누구든 상인암 미륵을 통해 신라미륵의 진수를 만끽할 수 있을 것이라고 해도 과언이 아니리라. 신라의 대표 미륵을 만난 기쁨에 시나브로 두려움도 사라지고 있었다. 길이 18미터 너비 3미터 가량의 자연 석굴법당이 안방처럼 편안해지고 있다. 미륵의 품에 안겨 언제까지나 머물고 싶은 충동이 본능처럼 솟구치고 있었다. 그렇다, 신라 미륵의 정화精華를 만끽하려 한다면 이곳 단석산을 찾아야 한다. 단석산 미륵을 만나는 순간, 누구든 저 신라의 민초가 되어 한량없는 대자대비의 마음을 읽을 수 있을 것이다.

그러나 천장에 철골로 지붕틀을 만들고 그 위를 투명한 플라스틱 유리로 덮은 지붕은 눈살을 찌푸리게 했다. 갓 쓰고 양복 입은 양 어색하기만 했다. 그리할 수밖에 없는 나름의 사정이 있었겠지만, 이렇게 마음대로 수선할 수 있는 배포가 놀라울 뿐이다. 그나마 공사도 제대로 되지 않아 암벽을 타고 흘러내리는 빗물이 보살의 얼굴 부위를 가로질러 흐르며 석질을 약화시키고 있었다. 보수라는 이름으로 원형을 망가뜨리고 있는 현장이었다.

단석산 정상까지 오르려면 서둘러야 할 것이라는 스님의 권유로 석굴법당을 빠져나왔다. 김유신과 그를 따르는 화랑의 무리들이 단내를 풍기며 숱하게 오르내렸을 해발 827미터의 정상에 올라야 제대로 미륵성지를 보는 것이라는 용담스님의 말씀에 다시 힘을 내어 정상으로 향했다.

유신이 기도 끝에 얻은 보검으로 쪼개놓은 바위가 있다는 정상은 석굴법당에서 1.5킬로미터를 더 올라간 곳에 놓여 있었다. 만만치 않은 산세 때문인지, 느낌으로는 족히 십 리 길은 넘는 듯했다. 쉬었다가 가기를 몇 번이나 거듭하며 가까스로 정상에

향과 꽃을 정성껏 받쳐들고 미륵부처님께 공양을 올리려는 신라인의 모습이 마치 살아 있는 듯 생생하다.

| 세월의 무게를 이겨내기가 힘겨운 듯 불상이 조금씩 그 모습을 잃어가고 있다. |

올랐다. 때마침 불어온 강풍에 휩쓸린 비구름과 안개로 인해 몸을 지탱하기조차 힘겨웠다.

세찬 바람에 안개가 잠시 걷히는가 싶더니, 이윽고 쩍 갈라진 바위가 시야에 들어왔다. 유신이 하늘의 뜻을 전해 받았음을 입증하는 증거물이다. 정상을 오른 기쁨도 잊은 채, 갈라진 바위斷石를 찬찬히 보듬어 안았다. 통일의 주역 김유신이 늘 안고 뒹굴었을 바위, 그 바위를 나는 마치 애무하듯 부드럽고 정성스럽게 쓰다듬었다. 두 동강 난 바위는 영락없이 칼에 잘린 모습이다. 칼로 바위를 두 동강 냈다는 이야기가 선뜻 믿어지지 않지만, 에서 그 진위를 따지는 것은 얼마나 어리석은 짓인가.

"야호!" 신라 미륵의 성지, 단석산 정상에서 마음껏 소리를 질러보았다. 소리에 따라 일렁대는 산자락 아래로 펼쳐진 운무가 장관을 이루었다. 사실 소리 한 번 목청껏 내지르지 못하고 살아가는 도심의 서생에게는 이런 기회도 그리 흔치 않다. 도시의 속진을 내뱉듯 고함을 지르고 또 질렀다.

그러나 소리를 지를수록 감동보다는 답답함이 밀려왔다. 바위의 갈라진 방향이 정동에서 정서로, 즉 정확하게 남북으로 잘라진 것을 발견하고는 이내 심기가 답답하고 무거워졌던 탓이다. 갈라진 바위가 정확히 남북으로 분단돼 있는 것이, 유신을 비롯한 삼국통일의 주역 화랑들이 오늘의 후손들에게 통일의 서원을 일깨우려는 암시로 내게는 느껴졌다.

지친 몸을 이끌고 단석산을 내려오는 동안 산자락을 삼킬 듯 굉음을 뿜어내는 천둥번개가 다시 시작되었다. 일찍이 천둥번개 소리가 이 순간처럼 무섭게 느껴진 적도 없었다. 이는 필시 갈수록 무뎌져가는 후손들의 통일 의지를 다시금 지펴보려는 선조들의 준엄한 꾸짖음일 것이라는 생각이 뇌리를 스쳤다.

| 경기도 북부지역에 용미리 쌍미륵처럼 거대한 미륵이 조성된 것은 드문 일이지만 기존의 바위에 두상과 보관을 따로 조각해 올려놓은 형식으로 보아 거석을 숭배하는 민초들의 원초적 심성을, 신심 강한 당대의 실력자가 미륵신앙으로 자연스럽게 유도했을 것이라는 게 학계의 추측이다. |

왼편엔 부처,
오른편엔 보살

파주 용미리 쌍미륵

파주는 '통일 한국'의 유력한 수도 후보지로 곧잘 거론되는 곳이다. 몇 해 전 성사된 6·15 남북정상회담으로 남과 북 모두에 통일의 열기가 조금씩 달아오르고 있고, 경의선과 동해선이 연결된 이즈음, 분단의 상징 휴전선으로 가는 통일로 길목에 위치한 파주의 의미는 남다르게 다가오기 마련이다.

파주는 후백제의 도읍지 철원과 함께 서부전선에 인접해 있는 고을이다. 이곳은 예로부터 서울에서 개성으로 가는 가장 빠른 길목이어서 지정학적으로 그 중요성이 강조되었지만, 십수 년 전까지만 해도 척박한 오지나 다름없던 곳이다. 한국전쟁이 끝나면서 도로마저 끊겨 군사작전을 위해서만 사용됐던 이 고을의 도로들이 별안간

| 서울과 개성을 잇는 길에 위치한 용미리 쌍미륵. |

넓혀지고 포장이 된 것은 남북 사이의 대화가 활발하게 시작되면서부터이다. 그 대화가 양측 위정자들의 정략적 필요에 의해서든 아니면 순수한 통일염원에서 비롯된 것이든, 그 일로 인해 통일로와 자유로가 뚫렸고 이곳 파주고을에도 사람들의 발길이 다시 북적거리게 되었다.

파주는 수도권의 자족도시로, 미래 통일 한국의 거점도시로 각광을 받고 있는 곳이다. 요즘에는 아파트촌이 즐비하게 들어서면서 예전과는 분위기가 판이하게 바뀌었는데, 통일의 기운이 무르익을수록 이 고을이 차지할 비중은 커질 것이 분명하다.

이곳 파주에도 어김없이 미륵은 있다. 서울에서 박달고개를 넘어 고양리를 지나 혜음령을 거쳐 광탄 방향으로 달려가다 보면 용미리라는 마을이 나온다. 예로부터 미륵뎅이로 불린 이곳은 서울과 개성을 잇는 지름길의 중간 지점에 위치해 있다. 구파발이니 벽제니 하는 동네 이름들은 이 길이 조선과 고려의 도읍을 잇는 중요한 길목이었음을 알게 하는 흔적이다. 특히 용미리는 예로부터 명당 중의 명당으로 손꼽힌 곳이다. 오늘날 이곳에 거대한 공동묘지가 조성된 것도 명당지라는 것과 깊은 관련이 있다.

명당이라고 하면 우선 생각나는 인물이 도선과 무학無學이다. 그러니 천혜의 명당인 파주에 도선과 무학의 발길이 지나가지 않았을 리 없다. 물맛이 좋다는 이유만으로도 물통을 든 서울과 일산 신도시 시민들의 발길이 끊이지 않는 파주의 대표고찰

| 파주를 대표하는 미륵은 뭐니 뭐니 해도 용미리 쌍미륵이다. 그 몸체에 여기저기 전쟁의 상흔이 남아 있다. |

고령산 보광사 역시 도선이 창건한 절이다.

알다시피 도선스님은 왕건이 삼한을 통일하고 고려국의 태조가 될 것을 예언했다는 우리나라 풍수의 원조 격이다. 무학대사 역시 태조 이성계가 새롭게 나라를 세울 때 서울을 조선의 도읍으로 정하게 한 풍수의 대가로 잘 알려져 있다.

도선이 창건한 보광사 산내에는 미륵도량 도솔암이 고즈넉이 자리하고 있다. 무학이 지나갔다는 용미리에는 그가 이곳에서 용의 머리를 보고 현재의 대자리 자리를 용의 몸뚱이로 보았으며, 혜음령 넘어 광탄면으로 와서 용의 꼬리가 아홉 갈래로 갈라졌다고 하여 그곳을 구룡리라고 명명했다는 이야기가 전해오고 있으니 그곳 역시 미륵의 기운이 예사롭지 않다.

비록 용미리 쌍미륵을 제외하고는 이렇다 할 미륵상이 남아 있지는 않지만 도선과 궁예와 왕건, 그리고 후대의 무학과 이성계 등 당대의 영웅들이 뻔질나게 오간 고을에서 어찌 새 세상을 건설하려는 미륵의 염원이 생겨나지 않을 수 있었겠는가?

보광사 옆을 지나 도솔암 가는 길을 따라 올랐다. 왼쪽으로 제법 크게 나 있는 계곡을 따라 오르는 산길의 정취는 영락없는 도솔천 가는 길과 같았다. 때마침 내린 장대비로 우무마저 뿌옇게 끼니 분위기 또한 그럴듯했다. 도솔암은 지금은 조용한 수행처소가 되었지만 도선의 숨결이 어린 수도권 인근의 미륵도량으로 그 맥을 이어가고 있다.

파주를 대표하는 미륵은 뭐니뭐니해도 용미리의 쌍미륵이다. 이 쌍미륵은 영험이 많기로 소문이 자자한 부처님이다. 그 영험의 조화인지 모르겠으나 굵은 빗줄기를 헤치고 달려온 순례자를 환영이나 하듯 일순 빗줄기가 잦아들었다.

십여 년 전쯤 부처님오신날을 앞두고 잇따라 발생한 사찰 방화사건으로 인해 용암사의 법당이 전소된 바 있다. 다종교가 공존하는 우리 사회에서 종교간 반목이 빚어낸 사찰 방화사건은 갈수록 황폐화하는 민초들의 성정을 대변하는 것이었다.
　그러나 법당 왼쪽의 108계단 위에 버티고 선 쌍미륵의 위용은 보는 이를 압도하는 당당함을 간직한 채 그때도 오늘도 이 지역 민초들의 애환을 달래주고 있다.
　서울과 가까운 곳에 위치해 있어 되레 찾아볼 기회가 적었던 쌍미륵을 친견하는 마음은 왠지 서먹하기만 했다. 포탄이 빗발치는 전쟁터를 연상시키는 천둥번개를 헤치며 쌍미륵을 찾아온 터라 온 몸이 젖었기 때문만은 아니었다. 빗줄기도 미륵을 친견하러 찾아온 것을 가상히 여겼는지 잠시 활동을 멈췄지만 미륵을 바라보는 마음이 울적해져 버렸다.
　쌍미륵의 몸체에는 여기저기에 총알을 맞은 흔적이 뚜렷이 남아 있었다. 동족간에 벌인 한국전쟁의 아픔을 그대로 간직하고 있는 것이다. 쌍미륵은 그렇게 오랜 세월을 민초들이 영문도 모를 전쟁에 동원돼 죽이고 죽는 광경을 똑똑히 지켜보았다. 그날의 상흔이 남아 있음인가. 두 미륵은 휴전선으로 가는 길을 망연자실한 눈망울로 바라보고 있다. 아마도 통일이 되어 남과 북의 동포가 얼싸안고 새로운 세상을 건설하는 날에야 비로소 쌍미륵의 가슴에 남아 있을 상흔들도 사라질 수 있으리라.
　경기도 북부지역에 용미리 쌍미륵처럼 거대한 미륵이 조성된 것은 드문 일이지만 기존의 바위에 두상과 보관을 따로 조각해

| 용미리 쌍미륵은 이제 남북통일의 현장을 지켜볼 통일미륵으로 그 역할을 해야 하는 시대적 요청을 받고 있다. |

| 통일의 길목에 버티고 서서 분단의 고통이 종식되기를 기다리고 있는 용미리 쌍미륵. 세상을 굽어보는 쌍미륵의 뒷모습이 매우 상징적으로 다가온다. |

올려놓은 형식으로 보아 거석을 숭배하는 민초들의 원초적 심성을, 신심 장한 당대의 실력자가 미륵신앙으로 자연스럽게 유도했을 것이라는 게 학계의 추측이다.

고려의 도읍인 개성과 조선의 도읍인 한양의 사이에 위치한 파주 지역은 역사적으로, 지정학적으로 늘 혼란과 혁명의 진원지와 인접해 있었다. 따라서 세상을 변혁시키려는 인물들이 수도 없이 오갔을 이곳에 거대한 미륵이 조성된 것은 어쩌면 자연스러운 일이다.

용미리 미륵불에는 고려 선종의 후처인 인주 이씨(원신공주)의 연기설화가 전해진다. 선종이 후사로 맞아들인 이씨에게 아기가 들어서지 않자 노심초사했고, 그러던 중 이씨의 꿈에 두 도승이 나타났다. 그 도승들은 "우리는 파주군 장지산에 산다. 식량이 떨어져 어려우니 그곳에 있는 두 바위에 불상을 조각하라. 그러면 소원을 이루리라."라고 했다. 이씨는 꿈의 내용을 기이하게 여겨 사람을 보내니 마침 그곳에 두 개의 큰 바위가 나란히 서 있어 불사를 벌였다. 공사 도중 두 도승이 공사장에 나타나 이르기를 "좌측에는 미륵불, 우측에는 미륵보살을 조성하라."라고 말하고 표연히 사라졌다고 한다. 결국 그녀는 마침내 왕자를 낳았고, 그 설화의 신빙성 여부를 떠나 쌍미륵은 파주와 벽제 지역 기자신앙의 명소가 되었다.

  이 전설은 당시 가난으로 굶주리는 민초들에게 먹을 것을 내리면 곧 미륵이 주재하는 새로운 세상이 열릴 것이라는 미륵신앙이 이 지역 주변에 폭넓게 형성되었음을 보여준다. 특히 하나는 미륵불로 다른 하나는 미륵보살로 조성하라는 두 도승의 명령은 미륵보살이 주석하고 있는 도솔천에 태어나기를 바라는 미륵상생신앙과 미륵이 이 땅에 직접 오시어 새로운 세상을 이뤄주기를 바라는 미륵하생신앙을 동시에 상징한다. 미륵불과 미륵보살이 함께 나란히 조성된 예는 거의 찾아볼 수 없다는 점에서 용미리 쌍미륵의 조성 연기설화는 갖가지 근기를 가진 일체 중생을 빠짐없이 제도하려는 대자대비의 상징으로 해석할 수 있다.

  때론 거암으로, 때론 미륵으로 역사의 소용돌이를 지켜보았을 용미리 쌍미륵은 오늘도 통일의 길목에 버티고 서서 분단의 고통이 종식되기를 기다리고 있다. 저 처연한 쌍미륵의 얼굴은 통일이 이뤄지는 날, 그리하여 남과 북의 민초들이 손에 손을 맞잡고 찾아와 기쁨의 참배 올리는 날 비로소 환한 미소로 바뀔 것이리라.

새 세상 건설의 비원을 담은 미륵
민중미륵에 대하여

민중미륵이란 이름이 어울릴지, 적합한 것인지 솔직히 확신이 없다. 그러나 이곳의 미륵은 가진 자가 아닌, 그리고 강자가 아닌 자칭 미륵의 현신들과 밀접한 관련이 있는 미륵이다. 이들 미륵은 역사적으로 미륵을 자처했던 인물들과 관련이 있다. 그 대표적 인물이 궁예나 신돈이다. 이들은 스스로 당래불, 미륵의 현신임을 자처했던 인물들이다. 물론 김유신과 같이 화랑수련을 통해 마침내 삼국통일의 위업을 이뤄낸 인물도 있지만 궁예와 신돈처럼 실제로 민초들의 힘을 규합해 미륵의 나라를 건설하다가 좌절된 경우가 많기에, 다시 말해 철저히 기층세력, 민초들의 힘에 의해 형성된 미륵이었기에 실제 그들이 왕으로, 권력가로 행세했음에도 민중미륵이라는 이름을 붙여 보았다.

민초들의 호응에 힘입어 권력을 잡거나 왕이 된 자들은 영락없이 미륵을 자처하거나 살아 있는 미륵으로 불렸다. 미륵나라, 즉 용화세계의 꿈을 일종의 '대중적 마취제'로 사용한 셈이다. 물론 개중에는 진심으로 미륵의 현신이고자 몸부림 친 이들도 있고, 정말로 스스로가 미륵이라고 생각했던 인물도 있었을 것이다. 그러나 그런 의도에 꼭 야망이나 야욕만이 있었다고는 믿고 싶지 않다. 적어도 그들의 마음속에는 질곡의 세상을 변혁하려는, 그리하여 진정으로 미륵세상을 이룩하고자 했던 단심이 있었다. 그 단심을 좀더 효과적으로 확산시키기 위해 그들은 애써 미륵의 이름을 빈 것이었다. 그렇기에 미륵을 자처했던 인물들에게 분노보다는 연민의 느낌이 더 진하게 풍겨 나오는 것인지도 모른다. 민중미륵은 그 성격상 미륵하생 신앙을 토대로 하고 있으므로 그 역할이나 느낌이 다른 미륵보다는 훨씬 역동적이고 혁명적이다. 아마도 포천 골짜기에 숨기듯 세워진 채 천년의 세월을 살아온 궁예미륵은 민중미륵의 성격을 대변하는 미륵이라고 할 것이다. 이 미륵이 조성된 시기는 궁예가 활동했던 시기가 아닌 그로부터 수백 년이 지난 고려 중기 무렵이다. 이 당시의 민초들이 궁예왕이 추구했던 민중이 주인 되는 나라 건설의 비원을 잊지 못한 채 궁예왕을 그리며 석상을 세운 것이니, 풍상에 문드러진 얼굴에서 어찌 민초들의 통곡소리를 듣지 않을 수 있겠는가.

이처럼 민중미륵은 대개 당래불 사상을 바탕으로 지상천국 건설을 염원했던 이들이 세웠거나 그들을 기려 만든 미륵인 것이다. 그런데 이 책에서 파주 용미리의 쌍미륵을 사찰미륵이나 마을미륵이 아닌 민중미륵에 포함시킨 것은 우리시대 7천만 민족의 비원이자 염원인 통일을 통일의 길목에 위치한 채 지켜보고 있는 상징성 때문이다. 또한 마땅히 우리시대 민초들이 이 미륵을 민중미륵으로 만들어야 한다는, 그러니까 통일을 이뤄내야 한다는 당위 때문이다.

■ 철원 궁예도성
위치 : 강원도 철원군 철원읍 홍천리 북쪽의 풍천원 벌판

■ 포천 궁예미륵
위치 : 경기도 포천군 군내면 구읍리 반월성 터

■ 단석산 상인암 미륵
위치 : 경상북도 경주시 건천읍 송선리 단석산 산89번지

■ 파주 용미리 쌍미륵
위치 : 경기도 파주시 광탄면 용암사 / 연락처 : 031-940-4351(파주시 문화체육과)

미륵신앙이란 무엇인가

미륵신앙은 《관미륵보살상생도솔천경》, 《미륵대성불경》, 《미륵하생경》, 《미륵하생성불경》, 《미륵래시경》 등의 불교경전에 그 토대를 두고 있다. 이 중에서도 상생경, 하생경, 성불경은 '미륵삼부경'이라고 하여 우리나라에서도 널리 유포되었다. 미륵삼부경은 미륵신앙의 가장 중요한 사상적 배경이 된 경전들이다.

불교사상의 발전과 함께, 미래불이 나타나서 석가모니부처님이 구제할 수 없었던 중생들을 남김없이 구제한다는 사상이 싹트게 됨에 따라 미륵보살이 등장하게 되었다. 이 미륵보살은 인도 바라나시국의 바라문 집안에서 태어나 석가모니부처님의 교화를 받으면서 수행하였고, 미래에 성불하리라는 수기授記를 받은 후 도솔천에 올라가 현재 천인을 위해 설법하고 있다고 한다. 그러나 아직 부처가 되지 않았기 때문에 보살이라고 부른다.

미륵보살은 석가모니부처님 입멸 후 56억7천만 년이 되는 해, 우리가 살고 있는 사바세계에 나타나 화림원 안의 용화수 아래에서 성불하여 3회의 설법으로 272억 인을 교화한다고 한다. 미륵보살이 도솔천에 머물다가 다시 태어날 때까지의 기간 동안 먼 미래를 생각하며 명상에 잠겨 있는 자세를 표현한 것이 곧 미륵반가사유상이다.

미륵신앙은 미륵상생신앙과 미륵하생신앙으로 대별된다. 석가모니부처님의 제자인 미륵(Maitreya)보살이 머물고 있는 하늘 세계인 도솔천에 태어날 것을 바라고 신앙하는 것이 미륵상생신앙이고, 미륵보살이 보다 빨리 이 세상에 출현(하생)해 부처님이 되어 많은 중생을 교화하기를 바라는 것이 미륵하생신앙이다.

미륵상생신앙은 미륵보살이 상주하며 설법하는 도솔천에 태어나기를 바라는 신앙이다. 도솔천에 태어나기 위해서는 오계와 팔재계, 구족계를 갖추고 몸과 마음으로 정진해야 하며, 십선법十善法을 닦고 도솔천의 쾌락함을 사유하여야 한다.

하생신앙은 미래에 미륵보살이 도솔천으로부터 이 세상에 하생하여 용화수龍華樹아래에서 성불할 때 이 세상은 낙토, 즉 용화세계로 변할 것이라는 사상이다. 이 세계는 맑고 깨끗하며 모든 것이 잘 정돈된 세계로, 갖가지 재난은 사라지고 사람들은 보배로 인해 다투지 않으며 서로 공경하며 평화롭게 살아가는 세상이라고 한다. 또 8만4천 세의 수명을 누리면서 상카라는 전륜성왕이 다스리고 미륵부처님은 석가모니부처님이 미처 다 제도하지 못한 중생들을 세 차례의 용화법회(용화삼회)를 통해 사성제, 팔정도, 십이연기, 삼십칠조도품 등의 불교의 근본교리를 가르침으로써 모두 다 제도한다는 것이다.

이처럼 미륵신앙은 유토피아적 이상세계에 대한 동경과 희구로 특징지어 진다. 우리나라에서도 미륵신앙은 희망의 신앙으로 널리 수용되어 다양한 양태로 전승되었다. 그러나 유의해야 할 것은 그 아름다운 이상세계가, 운주사의 전설에서 상징되었듯이, 결코 저절로 도래하는 것이 아니라는 점이다. 또한 그 세계는 초월적이고 비현실적이거나, 우주 어느곳에 따로 존재하는 것도 아니다. 오직 미륵불이 출현하는 세계는 이 땅에 살고 있는 사람들의 수많은 공덕과 부단한 정진으로 건설되고 전개된다고 경전은 설명하고 있다. 따라서 미륵신앙은 희망의 신앙인 동시에 멈춤 없는 정진의 신앙이기도 하다.

석가모니부처님이 입멸한 후 1백여 년경부터 싹트기 시작한 미륵신앙은 입멸 후 2백여 년경부터는 널리 성행하게 되었고, 불멸 이후 9백년경에는 무착스님에 의해 그 사상체계가 확립되었다. 이 신앙은 북위시대에 중국에 전파된 후 수·당 이후 널리 유포되었는데, 특히 현장스님이 법상종을 개창한 뒤로는 더욱 성행했다. 우리나라에서도 미륵신앙은 불교 수용 초기부터 오늘에 이르기까지 면면히 이어져 내려오고 있다. 역사적으로 특히 통일신라 이후 정치적 혼란기나 난세에 미륵신앙이 더욱 성행했고 그때마다 미륵을 자처하는 이들이 출현하여 커다란 세력을 형성하기도 했다.

특히 미륵신앙은 왕실과 귀족층을 중심으로 이어져 내려온 기존의 불교신앙과는 달리, 기층민중들에게 친숙한 불교로 자리 잡았다. 따라서 미륵신앙에는 자연스럽게 대중성과 역동성, 혁명성의 특징들이 갖춰지게 되었다.

나가는 글

성스러운
돌과의 만남

도시에 사는 이들이 시골이라 부르고 있는 읍 면 지역 작은 동리를 다닐 때면 돌과 나무, 흙으로 빚어 놓은 선인들의 손맛과 정서를 느낄 수 있는 대상들을 접하게 된다. 마을 초입에 문지기마냥 버티고 있는 벅수를 만나면 반가운 마음에 손 한 번 잡아보고, 이리저리 살피게 된다. 벅수 옆, 넉넉한 그늘을 펼쳐놓은 느티나무 아래서 다리쉼을 하며 앉아 있으면 묵어 있던 여독도 사라지고 만다. 씨앗마냥 전국에 뿌려져 있는 옛 숨결들을 찾아나서는 일은 고단함보단 즐거움의 연속이다. 그러던 차에 '미륵'에 관한 작업을 해보지 않겠냐는 제의를 받았다. 미륵이란 단어가 귀에 익어서인지 낯설지 않음에도 불구하고, 실상 그것에 대해서 별로 아는 것이 없었다. 촬영을 위해 자료 조사를 하기 시작했고, 하나 둘 자료들을 챙길수록 새로운 정보와 함께 그 동안의 잘못된 지식도 수정하게 되었다. 미륵만을 다룬 자료는 예상보다 많지 않았고, 김삼용, 주강현 선생을 비롯한 앞서간 이들이 정리해 놓은 작업들이 크게 도움을 주었다. 작업을 시작할 즈음 읽었던 요헨 힐트만(Jochen Hiltmann) 의 글은 부끄러움과 함께 작업을 더욱 독려시켰는데, 아래의 글은 당시의 심경을 써놓은 메모를 옮긴 것이다.

요헨 힐트만은 이 땅에서 태어나 막연하게 머리에 담고, 가슴에 새겨놓은 신화들을 구체적으로 보여준다. 자연에 대한 순종과 흐름을 담은 채 미륵을 독립된 세계의 현자로 때론 어린아이의 모습으로 그려 놓기도 했다. 이방인의 통찰과 그것을 밑천으로 하여 찍어낸 상상의 사진들은 놀라운 것이다. 현재를 보고 과거를 추측하게 만드는 일이 아니라, 그곳 그때로 나를 옮겨 놓았다. 그 자리, 당시에 내가 거기에 있다고 하는 것을 증명하고 각인해 놓았다. 그동안 자연과 인간 사이의 관계를 생각해오던 내게 '자연과 무엇 사이에서 일어나는 무수한 일들의 일부분만이 인간의 시간' 이라는 생각을 하게 한다.

농가가 공장으로 변하고, 아이의 울음소리가 끊긴 마을엔 미륵을 찾는 이 없다. 미륵을 아는 이 없고, 오가는 이 드문 길, 키만큼 자란 풀을 헤쳐 나가며 어디까지 가야 하는지 짐작이 되지 않는 숲을 지나서 만난 성스러운 돌. 허리를 숙이고, 무릎 꿇어 머리를 조아려 잔돌들이 땀으로 가득한 이마를 찧던 일. 그리고 월출산 구정봉 아래에서 만난 미륵이 가을의 시뻘건 노을과 함께 불타던 모습과 눈바람 거센 솔 숲에서 희미하게 서 있던 운주사 탑들과, 바위 너머로 고개를 내민 도솔암 미륵을 기억에서 지울 수 없다. 마을 이장과 촌로들의 어린 시절 기억을 뒤져가며 찾아나선 여정은 언제나 놀라움을 선사했다. 그런 이유로 드러난 것보다는 드러나지 않은 '성스러운 돌'이 더 있으리라 믿게 되었고, 그렇게 해서 만나게 될 때마다 더욱 귀하고 귀하게 여겨졌다. 그러나 해가 바뀌어 다시 찾은 미륵들은 더욱 형체를 잃어가고 있었기에 안타까운 마음이 커져만 간다.

 미륵은 세련된 솜씨와는 조금 거리가 있는 질박한 정서가 배어 있는 것들이 많다. 비례가 맞지는 않으나 소박한 마음이 투영된 토속적인 형태이다. 과거, 미륵은 대게 동리마다 있었으므로 누구나 쉽게 접할 수 있었고, 그 형태만큼이나 소박한 바람들을 받아주는 대상이었다. 어느 한 사람만을 위해 조성된 것이 아닌 만큼, 누구의 소유도 아니었고 마을 사람 모두의 보살핌을 받았다. 하지만 현재는 어느 누구의 관심도 받지 못하는 상태다. 내 것이 아니라는 생각은 돌보는 이 없고, 찾는 이 없는 현실을 만들었다. 두상이 부러진 채 천덕꾸러기 취급을 받는 미륵을 만나면, 이 시대 우리의 방관자적 자세가 스스로를 얼마나 해치고 있는지 느끼게 한다. 물질이 물질을 넘어서는 것은 그 안에 정신이 있기 때문이다. 그러기에 성스러운 기운을 품고 있는 대상은 이미 물질로서의 돌과 나무, 흙이 아니다. '성스러운 돌'을 만날 수 있어서 감사했고, 후일에도 훼손되는 일 없이 계속 만나게 되기를 바란다.

소중한 만남의 기회를 준 이학종 님, 강근원 님, 정성스럽게 책 작업을 해준 임자영 님, 김혜경 님께 감사의 마음을 전한다. 그리고 마음과 몸을 건강하게 주신 부모님, 풍요로운 땅 같은 아내 임진미에게 고마움을 전한다.

2005년 7월 이겸